경제적 자유를 향해 달려가는

어느 동화작가의
소란한 투자 이야기

경제적 자유를 향해 달려가는

어느 동화작가의
소란한 투자 이야기

이민숙 지음

더메이커

부자는 되고 싶지만,
투자는 두려운 당신에게

부는 마음에서부터 탄생한다

이 책은 52세에 경제적 자유를 꿈꾸며 고군분투하는 나의 부의 여정을 담은 이야기다. 뒤늦게(?) '부'에 대한 관심이 촉발된 데에는 몇 가지 이유가 있다.

아이 셋을 키우는 17년 차 전업주부였던 나는 오십쯤에, 미뤄왔던 꿈에 도전해 작가가 되었다. 인세가 들어오고, 강연, 칼럼 쓰기, 방송 출연까지 하며 수입을 창출하는데도 부가 쌓이지 않는 것은 미스터리였다. 폼나게 쓰는 것도 아니었는데 말이다.

나를 부의 행동으로 이끈 더 큰 이유는 재테크를 해보겠다고 내 집을 전세로 주고 나도 전세를 살며 생긴 2억 원으로 시작한 억대 투자의 실패였다.

우울했지만 손 놓고 있을 순 없었다. 행복한 삶은 문제 없는 삶이 아니라 문제에 대응하고 극복하는 삶이 아니던가. 이런 이유로 나는 '부'에 관해 공부하기로, 그리고 부자가 되기로 결심했다. 이 과정에서 부는 '내면의 힘'이 먼저라는 걸 깨달았다.

비록 투자에 실패해 좌절했지만, 다시 일어서는 공부와 행동을 하면서 '부는 마음에서부터 탄생한다'라는 것을 깨달은 건 인생 최대의 행운임이 틀림없다. 이를 실천하며 얻은 마음의 풍요는 나의 일상에 안정과 감사를 줬다.

마음에서 이미 성공한 나는, 두려움을 극복하고 목표를 향해 도전하기 시작했다. 하나씩 달성하며, 2년 만에 투자 실패를 회복하고 경제적 자유를 향해 나아가고 있다.

나만의 부의 시스템을 만들어야 한다

유행처럼 입에 오르내리는 '경제적 자유'라는 말의 속뜻을 아는가?

그동안 나의 경제관념에서 돈이란, 열심히 노력해서 벌고 아껴서 모으고, 딱 여기까지였다. 막연히 돈만 많으면 경제 문제가 말끔하게 해결되는 거로 착각했다.

그러나 그게 다가 아니었다. 부를 공부하고 실천해 보니, **경제적 자유를 위해서는 '내게 들어온 돈의 일부를 평생 내 곁에 머물게 하는 시스템'과 '내가 잠자는 동안에 돈이 돈을 버는 시스템'을 만들어야 한다는 것을 깨달았다.**

경제적 자유는 선택권이 많다는 뜻이다. 경제적 자유가 있다면, 하기 싫은 일을 억지로 안 해도 되고, 만나기 싫은 사람은 상대하지 않아도 된다. 또 내가 원하는 일에 언제든 도전할 수 있고, 나눔도 실천할 수 있다.

경제적 자유에 이를 때까지 자신만의 부의 방향을 정하고, 나에게 맞는 부의 시스템을 만들면서 계속 몰입해야 한다.

나의 투자는 우연한 성공, 처참한 실패, 그리고 대응이라는 거센 파도를 거치며 혹독한 레슨비를 치렀다. 그런 3년간의 우여곡절을 겪는 동안 깨달은 게 있다.

'부를 이루는 과정은 나의 가치를 인정하는 여정'이라는 거다. 무엇보다 나 자신을 긍정해야 한다. '나는 가치 있는 존재이기에 풍족함을 얻는 게 당연하다'라는 생각을 내 마음 깊은 곳에 심어야 한다. 그런 긍정과 믿음이 여러분을 부의 길로 올라서게 할 것이다.

***

좌충우돌하며 겪은 투자 경험 그리고 다소 소란했던 부의 여정에서 알게 된 소중한 것들을 사람들과 나누고 싶었다. 그렇게 마음먹고 책상 앞에 앉아 꼬박 4개월을 보냈다. 하루에 6~7시간씩 영혼을 갈아 넣는 심정으로 글을 썼다.

시작할 때 실패가 있더라도 또 저자처럼 나이가 있더라도, 시간과 인내를 담보로 꾸준히 집중하여 **책 속에 나온 부의 마인드셋과 돈 관리 방법, 실전 투자 전략을 사용하면, 누구나 부자로**

가는 차선을 탈 수 있다고 감히 말한다.

이 책을 읽는 독자 여러분이 맞게 될 미래의 풍요로움에 미리 감사하며 확언한다.

"여러분의 삶에 부가 자유롭게 흐름에 감사합니다."

부자는 되고 싶지만, 투자는 두려운 당신에게, 그리고 경제적 자유를 꿈꾸며 미래를 의미 있게 맞이하고 싶은 분들에게 이 책은 소중한 동반자가 되어줄 것이다.

contents

PART 4
어느 동화작가의 소란한 투자 일기

PART 5
경제적 자유를 위한 투자 시스템 만들기 대작전

PART 1

나는 생각했어,
부자가 되기로

풍요로운 생각은 풍요를 낳고

빈곤한 생각은 빈곤을 낳는다.

-조셉 머피

전업주부에게
어느 날 2억이 생겼어

경제적 자유가 뭐야?

궁금했다. 어떻게 하면 부를 이룰 수 있는지.

부끄럽게도 반평생을 살면서 경제적 자유에 대해 생각해본 적이 없다. 간혹 말만 들었지, 경제적 자유를 이루려는 방법을 찾아 나선 적도 없고, 막연히 돈만 많으면 해결되는 거로 착각했다. 나의 경제관념에 돈이란 열심히 노력해서 벌고 아껴서 모으고, 딱 여기까지였다. 돈이 돈을 버는 시스템이 왜 필요한지, 돈을 어떻게 쓰고 어떻게 지키는지 등은 내 삶의 영역 밖의 문제였다.

내가 할 수 있는 한도에서 무작정 저축액을 늘려도 봤고, 보험과 펀드도 들어봤고, 주식도 해봤다. 계획 없이 습관적으로 들곤 했던 적금은 가만히 돌아보면 소비를 정당화하기 위한 일시적 행위 같은 거였다. 막상 적금을 타면 그동안에 졸라맸던 것에 대한 보상 심리로 과하게 소비하거나, 흐지부지 살림살이에 섞여 자산 축적으로 이어지지 않았다.

47세까지 나는 세 아이의 육아에 전념한 전업주부였다. 경제권은 내내 남편에게 있었다. 세 아이의 교육비, 관리비, 생활비 등 기본적인 것에서부터, 가전제품 구매, 이사, 재테크 등까지 모두 남편이 결정했다. 시뻘건 냉장고, 그 옆에 실용성 없이 크기만 해 문도 확 열지 못하는 김치냉장고, 다섯 식구 빨래가 한꺼번에 안 들어가 몇 번에 걸쳐 돌려야 했던 6kg짜리 세탁기, 금빛 술 달린 멋대가리 없는 고동색 가죽 소파 같은 것들이 거슬리는 거 빼고 큰 불만은 없었다.

남편을 흉보거나 불평하려는 게 아니다. 이러저러하게 얽혀 있는 힘든 일들을 아내에게 맡기기 싫어 본인이 감당했다고 생각한다.

오십 즈음에 아이들이 어느 정도 커 육아에서 벗어나게 되었을 때, 그동안 미뤄왔던 꿈인 글쓰기에 도전했다. 그리고 작가가 되었다. 운 좋게 출간 즉시 베스트셀러가 되었고, 신문사·잡지사 인터뷰와 도서관·기업체 강연, 그리고 방송 섭외까지 들어오며 정신없이 바쁜 나날을 보냈다. 글이 안 써진다고 질질 짜던 날이 엊그제 같은데 나에게도 이런 일이 일어날 수 있구나, 얼떨떨했다.

중요한 건 나도 돈을 번다는 사실이었다. 인세와 강연료로 약간의 목돈이 생겼다. 결혼생활 삼십 년 만에 처음으로, 나에게 필요한 얼음 나오는 최신 정수기, 식기세척기, 로봇청소기를 카드 한 장 안 쓰고 현찰로 고스란히 사는 건 스릴 있었다. 시간과 노동을 절약해 줄 나의 레버리지 용품들이었다. 그런 즐거움도 잠시, 한턱내기도 하고, 애들 용돈도 주고, 살림에 보태기도 하면서 돈은 흐지부지 사라졌다.

'월급처럼 일정하게 들어오지 않는 돈은 공돈 같은 느낌이 나 모으기 어려운 법'이라며 애써 외면했다. 그래도 빼곡히 적힌 강연 일정을 보며 돈은 끊임없이 벌 수 있을 거라 착각했다.

2020년, 코로나가 터졌다. 모든 강연이 취소됐다. 방송 스케줄도 취소됐다. 힝, 나는 다시 남편의 재정 관리에 의존하는 모드로 돌아갔다.

돈을 모르면 돈에 휘둘린다

홀렸다. 2020~2022년은 비트코인, 아니 정확히 말하면 알트코인(비트코인을 제외한 모든 암호화폐를 일컫는 말)에 훌떡 홀린 해였다.

아이들이 커서 제각각 독립하고 집에 우리 부부만 달랑 남게 되었다. 재테크를 한다며 집을 전세로 주고 우리도 전세를 얻어 이사했다. 전세금이 손에 들어왔다.

"이건 기회야!"

어쩜 배울 만큼 배운 부부가 돈 관리 면에서는 이렇게 아둔한지. 둘이 전세금을 반으로 나눠 경쟁하듯 각자 투자했다. 나는 2억이라는 거금을 처음으로 굴렸다. 2천만 원도 투자한 경험이 없던 내가 겁도 없이 억대 투자에 뛰어든 거다.

우연히 10만 원어치 사본 밈(meme) 코인인 도지코인[1]이 유

---

1   도지코인은 IBM 출신 빌리 마커스와 잭슨 팔머가 2013년 비트코인 열풍을 패러디해 인터넷에서 유행하는 밈인 시바견을 로고로 사용해 만든 암호화폐. 밈의 본질적 요소는 패러디, 풍자, 재미다. 미국, 유럽의 MZ 세대들이 도지코인을 갖는 건 그들의 문화이자 상징이었고, 소액으로 도지코인에 투자해 엄청난 수익을 올려 등록금을 낸 경험을 소개하는 영상이 떠돌기도 했다.

혹의 출발점이었다.

미국, 유럽의 MZ 세대에게 유행하고 있던 도지코인을 한 층 더 유명하게 만든 사람은 테슬라의 CEO 일론 머스크였다. 2019년부터 도지코인을 열렬히 지지했던 일론 머스크는 전기 차 테슬라를 도지코인으로 결제할 수 있게 하겠다고 호언장담했 다. 그럴 때마다 시세가 출렁여 그는 도지파파라 불리기도 했다.

골드만삭스의 신흥시장 판매부장이 도지코인으로 1,000% 이상의 수익을 내고 회사를 그만둔 뉴스는 전 세계인의 부러움 을 자아내며 알트코인 열풍에 뛰어들게 했다.

세계적인 CEO들도 투자하는데 내가 뭐라고 비트코인만 고 집해? 마음이 흔들리기 시작했다. 감히 피 같은 비트코인을 팔 아 알트코인 이것저것에 손대기 시작했다.

평소 내 스타일대로라면 뭔가를 시작할 때 책부터 읽고 충분 히 이해하며 소신을 다지는데, 그 과정을 생략하고 무모하게 뛰 어든 거다.

목돈이 생기니 이상하게 마음이 급해졌다. 사자마자 눈만 뜨 면 100%, 200%씩 올라가며 십만 원이 일주일 만에 수백 수천 만 원이 우습게 되는 걸 보고, 코인에 홀려버렸다.

돈을 모르면 돈에 휘둘린다. 암호화폐 시장의 사이클이나 환 경을 이해하지 못하고 마구잡이로 휩쓸려 투자한 결론은 곧 처참한 마이너스 수익률로 이어졌다.

✓ KEY POINT

* 돈을 모르면 돈에 휘둘린다.

* 투자할 때 내가 왜 이것에 투자하는지를 설명할 수 있어야 한다.

22

내가 52세에
부자 되기로 결심한 까닭

경제적 자유를 위한 첫걸음

대책 없이 전세금을 갖고 투자하다 실패한 뼈아픈 경험이 부
에 관한 공부를 촉발했다. 돈 공부는 정말 중요하다. 마음을 다
잡고 경제적 자유의 기본 뜻부터 살폈다.

"잠자는 동안에 돈이 들어오는 법을 찾아내지 못한다면, 당
신은 죽을 때까지 일해야만 할 것이다."

이 한마디에 경제적 자유의 핵심이 담겨있다. 세계적 투자가

워런 버핏의 유명한 말이다. 이걸 염두에 두고 재테크 전략을 짜야 했다.

잠잘 때 일할 수 있는가? 못한다. 그러나 내 돈은 일할 수 있다. 이 방법을 찾고 실천하는 게 경제적 자유를 위한 첫걸음이다. 잠잘 때 들어오는 소득에는 무엇이 있을까? 월세, 이자, 배당, 로열티 등이 이에 해당한다. 자본에 투자해야만 얻을 수 있는 수동소득(passive income)이다. 이 수동소득을 어떻게 얻을 수 있는지가 관건이다.

여담으로 부의 첫 단계를 말할 때 사용하는 '커피 지표'라는 용어가 있다. '내가 좋아하는 커피를 애써 번 돈으로 사 마시는 게 아니라, 투자 배당금으로 마음껏 주문할 수 있는 단계'가 부의 첫 스텝이라는 거다. 오른쪽에 있는 메뉴판 가격에 눈을 흘끔거릴 필요 없이 내가 마시고 싶은 걸 마음대로 고를 수 있는 선택권, 이것만으로도 자유가 느껴지지 않는가?

경제적 자유는 선택권이 많다는 뜻이다. 하기 싫은 일을 억지로 안 해도 되고, 만나기 싫은 사람은 상대하지 않아도 된다. 또 내가 원하는 일에 언제든 도전할 수 있고, 나눔도 실천할 수 있다. 마음만 먹으면 언제든지 사랑하는 가족과 근사한 곳에서 시간을 보낼 수도 있다.

토니 로빈스는 그의 저서 《MONEY》에서 **"시작할 때는 빚이**

있더라도 조금만 시간을 내 열심히 노력하고 꾸준히 집중하고 올바른 전략을 사용하면 누구나 경제적 자유를 달성할 수 있다"고 설파했다.

누구나 부의 차선에 올라탈 수 있다

내가 원하는 목표를 이미 이룬 사람을 찾아 그 사람을 롤모델로 삼고 따라 해보기로 했다. 그런데 막상 찾으면 내 곁에 없는 게 부자다. 잘 사는 사람이 그렇게 많은 것 같은데, 롤모델로 삼고 싶은 부자를 주변에서 찾아보니 나도 없더라.

그렇다고 낙심할 필요는 없다. 인생의 고비 때마다 우리를 지켜주는 동반자가 있으니, 바로 책이다. 책 속의 거인들은 대부분은 지나치리만큼 상세하고, 친절하게, 가끔은 뼈 때리는 호된 어투로, "누구나 부의 차선에 올라탈 수 있다"라고 알려준다.

책 속의 멘토들이 부자가 되기 위해 공통으로 강조하는 말이 있다.

첫째, 내면의 풍요를 먼저 이뤄야 한다. 이를 위해 마음과 생각을 훈련해야 한다.

둘째, 자본 투자는 꼭 해야 한다. 그것도 한 살이라도 어릴 때 해야 복리의 효과를 누려, 어느 순간 거대한 부의 흐름을 탈 수 있다.

52세, 나는 새로운 도전을 해보기로 했다. 어떻게 하면 부를 쌓을 수 있는지, 진정한 경제적 자유란 누구나 해낼 수 있는 일인지 나 스스로 일궈보자, 결심했다. 늦었다고 생각할 때가 가장 빠른 거란 말을 되뇌면서.

✓ KEY POINT

---

* 경제적 자유란 '내가 일하지 않아도 일정하게 현금이 들어오는 수동 소득을 만드는 일'이다.
* 부는 선택권이 많다는 뜻이다. 내가 원하는 일에 언제든 도전할 수 있고, 하기 싫은 일을 억지로 안 해도 된다.
* 올바른 전략을 사용해 꾸준히 집중하고 노력하면 누구나 부의 차선에 올라탈 수 있다.

부자 되겠다는 마음 없이
부자가 될 수 있을까

부는 마음에서부터 탄생한다

행운이었다.

태어나서 처음으로 억대의 거금을, 그것도 전세금을 손에 쥐고 투자로 불리겠다고 호언장담하다, 1년도 안 돼 반의반 토막을 만들고 무슨 봉창 두드리는 소리냐고 할지도 모르겠다.

그러나 이 실패 때문에 부자 공부를 진지하게 시작한 것, '**부는 마음에서부터 탄생한다**'는 것을 깨달은 건 인생 최대의 행운이라 단언한다. 이를 실천하며 얻은 마음의 풍요는 일상의 안정과 감사를 줬다.

'부자 되기'라는 목적 달성을 위해 의도적인 책 읽기를 시작했다. 나폴레온 힐, 조셉 머피, 존 소포릭, 네빌 고다드, 밥 프록터, 론다 번, 부르스 립튼 등, 수백 권의 자기계발서와 학자들의 저서를 탐독했다.

이미 막대한 부를 이룬 억만장자들이 본인의 부와 성공에 멈추지 않고, 성공철학을 연구해 누구나 부를 누리며 베푸는 삶을 살 수 있도록 안내하는 책이 이렇게 많은 데 놀랐다. 책으로 인생이 바뀌는 순간은 이렇게 행동을 바꾸는 책을 만났을 때다.

《부의 확신》의 저자 밥 프록터는 "사람들이 삶이 불공평하다고 말한다면 그들에게서 공통점 한 가지를 발견할 수 있을 것"이라며, "경제 문제나 돈 관리에 대해 배우지 못했다는 것"이라 지적한다. 그는 "십중팔구 부에 관한 책을 한 권도 사보지 않았을 거"라고 쓴소리한다.

알량한 지적 오만함으로 외면했던 자기계발서는 내게 '부'에 대한 생각의 변화를 일으키고 새로운 세계를 열어주었다. 이들 책 속의 수많은 멘토가 공통으로 강조하는 말이 있다.

"부는 긍정적 잠재의식의 발로다."

마음과 생각을 훈련하지 않으면 당장 로또에 당첨되더라도 결코 부를 이룰 수 없다는 것이다. 돈이 많아도 마약, 술, 도박에 의존하며 패가망신하는 건 마음이 빈곤하고 나약해 의지할 곳이 없기 때문이다.

잠재의식의 아버지라 불리는 조셉 머피 박사는 "많은 사람이 실제로 돈이 많아야만 부유함을 느낄 수 있다고 착각한다"고 지적했다. 사실은 정반대다. 그는 "부유하다고 느낄 때만 부를 끌어들인다. 우리는 모두 풍요로운 삶을 누릴 자격이 있으며, 부에 대한 당당한 권리는 인간의 존엄"이라고 역설했다.

기존의 우리의 잠재의식에 굳게 자리잡고 있는 불만, 두려움, 선입견 등을 거둬내고 긍정과 확신, 감사, 성공에 대한 열망의 씨앗을 뿌려야만 부를 이룰 수 있다는 것이다.

나의 뇌에 깔려있던 돈과 부에 대한 부정적 인식을 지우고, 부에 대한 긍정적 프로그램을 새로 깔아야 하는 거다.

그런데 누군 이게 좋은 줄 몰라서 안 하나? 보이지도 않는 걸 믿고 실행해야 하니 뜬구름 잡는 소리 같고, 어떻게 하는 줄도 모르겠다. 나 같은 사람이 많은가 보다.

다행히 마인드셋을 위한 공식 장착템이 몇 가지 있다. 마인드셋 필수템을 장착하고 매일 반복하여 뇌에 새기면 잠재의식은 온 힘을 다해 우리의 목표를 달성하기 위해 움직인다. 빨간 차를 사려고 마음먹으면 평소에는 눈에 잘 띄지 않던 빨간 차가 자주 보이는 것처럼 말이다.

부는 명확한 원칙, 분명한 요구를 좋아한다

원하는 목표를 정하는 일이 가장 중요하다. 그 목표를 종이에 쓰고, 아침저녁으로 읽는다. 그리고 목표가 이미 이루어졌다고 상상하며 시각화하고 감사한다.

복잡하지도, 돈이 들지도, 시간이 들지도 않는다. 성공한 모든 사람이 하는 일이다. 속는 셈 치고 해봤다. 워낙에 절박하기도 했고, 열린 마음으로 다가가서 그런지 마음이 차분해졌다. 뭔가 이루어졌다는 목표를 적을수록 기쁨 같은 게 느껴졌다. 현실은 억대 손실을 보고 있었지만 우울해하며 바들바들 떠는 마음이 사라졌다.

나폴레온 힐은 "부는 명확한 원칙에 따라 분명한 요구를 해야만 찾아온다"고 했다. 열심히 힘들여 일하는 데도 불행한 이유는 명확한 목표가 없기 때문이다. 성공은 우연히 찾아오는 게 아니다.

당장 갚아야 할 돈이 수백이고 공과금, 세금 낼 돈도 없는데 어떻게 부유하게 생각할 수 있지? 이런 생각은 독이다. 이런 부정적인 생각을 반복하여 잠재의식에 뿌리를 내리면 실제 삶에서도 부정적인 일들이 힘을 얻고 득세한다.

행복한 삶은 문제 없는 삶이 아니라 문제에 대응하고 극복하는 삶이다. 존 소포릭은 "경제적 안정이 내면의 힘에 있다는 것을 배웠고 죽을 만큼 망가졌을 때 진정한 부를 향해 나아가게 되었다"고 했다.

빨리 손해 본 것을 회복하겠다고 조급한 마음에 덤비지 않은 건 잘한 일이었다. 부의 마인드셋 없이 이것저것 손댔다면 마음은 늘 초조하고, 불안하고, 우울했을 거다. 설사 손실을 회복했다 하더라도 또 욕심이 생겨 그 돈은 내 곁에 머물지 않았을 거다.

오십이 넘어서 이런 행동을 아주 진지하게 하고 있다. 부의 장착템을 실천한 지 100일쯤 되자 가족들이 엄마가 달라졌다고 한다. 싱거워지고 유해졌다고. 칭찬이라 믿는다.

다음에서는 사람이 유해지는 부의 장착템 몇 가지를 살펴보겠다.

* 부는 긍정적 잠재의식의 발로다.

* 부유하다고 느낄 때만 부를 끌어들인다.

* 열심히 일하는 데도 불행한 이유는 부에 대한 명확한 목표가 없기 때문이다.

생각: 나는 생각했어, 부자가 되기로

"자기 자신이 부자가 될 수 있다는 '생각'을 먼저 해야 한다."

– 나폴레온 힐

생각, 부의 시작점

부자가 되기 위해 중요한 것은 무엇일까? 좋은 직장, 학벌, 인맥, 부모의 재력, 개미처럼 열심히 일하기, 아껴서 저축하기, 이런 것들이 떠오르는가? 우리 무의식에 탑재된 생각들이다.

이런 진부한 생각을 단박에 깨뜨려 준 책이 있다. 최초의 성공학 명저 나폴레온 힐의《생각하라, 그리고 부자가 되어라》다. 이 책에서 **나폴레온 힐은 부자가 되기 위해서는 "자기 자신이 부자가 될 수 있다는 '생각'을 먼저 해야 한다"고 강조한다.**

부자가 되겠다는 강렬한 열망을 품고, 부를 의식적으로 '생각'하는 것이 부의 시작점이다.

이 책이 출간된 해는 1937년이다. 나폴레온 힐은 발명왕 에디슨, 석유왕 록펠러, 강철왕 카네기, 자동차의 제왕 헨리 포드 등, 당시 자기 분야에서 성공해 부를 이룬 사람들을 40년에 걸쳐 인터뷰하고 연구한 결과, 공통된 성공 공식을 발견했다.

경제적 자유를 이루고 인류의 발전에 공헌한 사람들은 짜기라도 한 듯 뼛속부터 가난하고 실패를 밥 먹듯이 했다. 그럼에도 불구하고 "끝끝내 부와 성공을 이룬 사람들은 스스로 성공할 거라는 강렬한 '생각'을 믿어 의심치 않았다"는 거다.

이후 모든 자기계발서에는 자신이 부자가 된다는 '생각'이 부를 이루는 첫 번째 관문이라고 입을 모아 강조한다. 우리의 삶은 우리가 계속 생각한 것을 반영한 것이 맞다.

나는 생각했다, 부자가 되기로

부를 원한다면, 부에 대한 목표를 명확히 해야 부가 실현된다. "진짜 열심히 일하는데도 우리 엄마, 아빠는 가난해요"라는 건 부의 목표가 명확하지 않기 때문이다.

목표를 이루려면 긍정적인 생각을 해야 하는데, 답답한 현실이 자꾸 떠오른다. 미운 사람, 싫은 사람도 떠오른다. 그 생각을 억지로 멈출 수 없으니 괴롭다. 마치 코끼리를 생각하지 말라 하면 단번에 코끼리가 떠오르는 것처럼.

부정적인 생각은 잡초와 같아서 돌보지 않아도 무성히 자라 내 머릿속을 뒤덮는다. 반면 긍정적인 생각은, 공을 들여야 씨앗 하나가 움터 나무가 되고 열매를 맺는 것처럼, 온갖 노력을 다해야 튼튼하게 자라 목표에 이른다.

나는 부자가 되기로 마음먹고, 그러려면 일단 빚부터 청산하는 게 맞겠다 싶어, 부의 목표를 "빚 2억 갚기"라고 적은 적이 있다. 이 목표는 잘못됐다. '빚'이라는 말부터 부정적이다. 목표에 절박하고 부정적인 걸 넣으면 잠재의식은 그대로 받아들인다. 빚으로 온통 둘러싸인다.

이를 긍정적인 목표로 바꾸려면 어떻게 해야 할까? '빚' 대신 '부'를 생각하고 써야 한다. 목표를 설정하고 돈이 들어올 날짜, 액수, 대가까지 정확히 적는다. 이를 이루기 위한 대가는 도전과 노력, 인내, 계획과 행동이리라.

"나의 자산이 2025년 50억으로 늘어나 주변에 선한 영향을 주고 행복하게 산다."

목표를 빚 2억 갚기가 아니라 이렇게 바꾸고 아침저녁으로 읽었다. 목표가 훨씬 산뜻해지고 보기만 해도 뿌듯했다. 달력에 표시까지 해두었다. 50억이면 '빚'이라는 단어가 낄 자리가 없다. 갚고도 많이 남는 금액 아닌가.

처음에는 이 간단한 한 줄 쓰는 게 너무 허황한 것 같아 쭈뼛거렸다. 누가 뭐라 그러는 것도 아니고, 나 혼자 하는 이 작은 행동도 왜 그리 멋쩍고 머뭇거려지던지. 허허, 돈이 그리 무섭나? 50억이라는 숫자도 중학교 때 수학 시간 이후로 처음 써보는 것 같다. 막상 써보니 안될 게 뭐 있나 싶었다.

이 목표는 '어떻게?'라는 구체적 질문으로 이어지며 나를 행동으로 이끌었다. 부를 공부한 지 3년이 지난 지금 조금씩이지만 아등바등 애쓰지 않아도 이 목표에 다가가고 있는 게 신통하다. 잠재의식은 '크다 작다'를 구별하지 못하고 거름망 없이 무한대로 받아들인다니, 목표는 터무니없이 크게 잡아야 한다. 꿈은 크게 갖는 게 맞다.

가난한 물리치료사였던 존 소포릭은 원하는 결과가 이루어졌다는 생각에 초점을 맞추고, 걱정이 일어나면 열망하는 일을 떠올렸다. 신기하게도 망하기 직전이었던 병원의 예약 전화는 계속 울리고 손님은 몰려들었다.

열망하는 생각과 현실의 관계를 믿기 시작했고, 곧 확신으로 굳어졌다. "사람들을 내게로 끌어당겨 부자가 될 수 있다"는 앎이 그를 풍요로운 부자로 이끌었다.

나는 생각했다, 부자가 되기로.

✓ KEY POINT

* 부자가 될 수 있다는 '생각'이 부의 시작점이다.
* 부에 대한 목표를 명확히 적으면 부가 실현된다.
* 원하는 돈의 액수, 날짜, 대가를 구체적으로 적고 소리 내 읽어보자.

확언: 내가 바라는 상태가
꼭 이루어진다

"결과를 바꾸고 싶다면 먼저 잠재의식을 바꾸어야 한다."

–밥 프록터

내가 바라는 상태가 꼭 이루어진다

나는 확언 마니아다. 자신감이 없어지거나, 마음에 부정, 불안이 스며들면 늘 갖고 다니는 조그만 확언 수첩을 편다. 불안한 마음을 긍정의 문장으로 바꿔서 쓴다. 긍정 확언을 몇 번 되뇌다 보면 불안은 어느새 사라지고 마음은 감사와 기쁨으로 차오른다. 부를 공부하면서 내 인생에 가장 실질적인 도움이 된건 확언이다.

확언은 '내가 바라는 상태가 꼭 이루어진다'는 일종의 자기

암시문이다. 간단하고 별거 아닌 것 같아도 확언의 효과는 대단하다. 목표가 이루어졌다는 긍정적인 자기 암시문을 지속해서 쓰고 반복해서 읽다 보면 어느새 성공하거나 최소한 근접해 있다. 설령 실패한다 해도 괜찮다. 미래의 어느 시점에 나는 해낸 사람인 것을 알기에 다음 단계를 도모하게 된다. 긍정은 실패도 긍정한다.

기도나 선언, 맹세 같은 건 알겠는데 도대체 확언을 어떻게 해야 하는지 처음에는 감이 오지 않았다. '이렇게 한다고 성공하면 사람들이 다 성공하게?'라는 의심도 들었다.

뜬구름 잡는 소리 같았던 확언이 밥 프록터의 《부의 확신》을 읽으며, 얼마나 중요한 일이고 어떻게 하는지 구체화되었다. 그는 "결과를 바꾸고 싶다면 먼저 잠재의식을 바꾸어야 한다"고 강조한다. 잠재의식을 바꾸기 위해서 '확언'이 중요하다. 긍정적인 말을 많이 듣고 읽고 반복해야 잠재의식이 변화한다.

밥 프록터는 40년 넘게 매일 아침 확언을 읽고 말했으며, 이동할 때도 자신의 차를 강연장 삼아 강연 테이프를 들었다. 이러한 과정을 통해 잠재의식을 완전히 변화시킨 그는, 전 세계 수천만 명의 멘토가 되었다.

잡생각은 돌보지 않아도 무성히 자라 엉켜있는 가시덤불 같아 마음을 찌르는 독약이 된다. 반면에 나무에서 싱싱한 열매를 맺으려면 사랑과 믿음을 갖고 온 신경을 쏟아 가꾸어야 하는 것처럼, 우리의 잠재의식도 믿음의 씨앗을 뿌려주며 끊임없이 돌봐야 한다.

확언의 기술

확언할 때는 반드시 '나는(I am)'으로 시작한다. 주어는 '나'여야 한다. 그리고 서술어는 긍정형으로 한다. 주어를 돈이, 빚이, 공과금이, 부모님이, 나라가, 친구가, 이렇게 시작하는 건 확언이 아니라 삐딱한 문장으로 이어질 뿐이다.

김승호 회장 역시 그의 저서 《생각의 비밀》에서 확언의 힘을 강조한다. 그의 목표는 명확하고 구체적이었다.

"나는 미국 전역에 300개의 매장과 일주일 매출 100만 달러, 연간 매출 5천만 달러를 달성한다."

그는 이렇게 확언을 적어두고 하루에 100번씩, 100일 동안 읽었다고 한다.

확언을 자주 할수록 점점 더 그 모습이 구체적으로 그려진다. 확언을 몰랐다면 아마 "빨리 전세금을 만들어 빚에서 벗어난다." 이렇게 썼을 거다. 이러면 내 잠재의식 속엔 빚만 생각하는 결핍으로 가득하여 나의 불행을 치유하지 못한다. 매일 자책하고 후회하는 나날이었으리라.

긍정적인 현실은 눈곱만큼도 없던 그때, 나의 긍정 확언은 어땠을까? 나의 2022년 확언 수첩에는 이렇게 적혀있다.

"2027년에 200억을 벌었어. 주변에 선한 영향을 주며 행복하게 살고 있어. 고마워."

최종 부의 목표 200억을 적어놨다. 2억쯤은 충분히 갚고도 남는 돈 아닌가? 이미 이루어졌다고 쓰고 읽다 보니, 그렇게 될 거라는 믿음이 생겼다. 못 갚으면 어떡하냐는 의심이 들 때마다 확언했다. 돈 드는 일도 아니고, 시간 드는 일도 아니고, 또 부를 이룬 대가들이 하는 방법이라 않는가? 어쨌든 매일 확언했다. 이렇게 쌓인 확언은 마음을 수양하는 데도 도움이 됐다.

만일 직장인이 승진을 앞두고 있다고 생각해 보자. 어떻게 확언해야 할까? "나는 승진하기를 원해요.", "승진하게 해주세요." 이렇게 하면 맞는 확언일까? 아니다.

"나는 00년 00월 00일 부장으로 승진했습니다. 감사합니다."

이렇게 잠재의식에 이미 승진에 성공한 이미지를 심어줘야 한다. 목표를 과거형으로 말하는 습관을 들여보자. '~해주세요.', '~를 원해요.' 같은 늘 원하고, 늘 바라기만 하는 소원형 확언은 잠재의식을 결핍의 상태로 놓을 뿐이다.

5년 전 초고를 써놓고 뭉그적거리던 원고가 있었다. 역사 동화였는데 퇴고하려니 원고를 마주하는 것 자체가 두려웠다. 고쳐야 할 부분이 한두 군데가 아니었다. 밑져야 본전이라 생각하고 확언을 썼다.

"나는 2022년《소녀, 조선을 달리다》가 공모전에서 당선되어 등단했어. 고마워."

매일 읽다 보면 기분이 좋아지고, 시상식 하는 장면도 떠오르고, 그때 입을 옷도 상상이 되었다.

확언으로 잠재의식에 목표 하나를 확실하게 심었더니, 행동으로 이어졌다. 동료 작가들과 합평도 하고, 수정에 수정을 거듭했다. 죽이 되든 밥이 되든 끝까지 했다.

결과는? 당선이었다. 그것도 심사위원 만장일치로 등단의 관문을 통과했다. 주최 측으로부터 축하한다는 말을 전화기 너머로 전해 들었을 때 떨리던 손끝은 아직도 생생하다. 상금도 천만 원이나 받았다. 시상식 때는 우연히 방송 출연 날짜까지 겹쳐 현장 취재까지 와서 추억의 순간을 생생하게 남길 수 있었다.

사소한 일이지만 마음이 조금이라도 쓰이면 긍정 확언을 쓰고 읽는다. 최근에는 딸이 고양이 카페 예약금을 한 달째 환불받지 못하고 있다 해서 그런 것도 적었다. "00가 0월 0일에 환불 잘 받았어. 고마워." 외국에 사는 딸이 아프다고 하면, 마음이 어수선해진다. 그럴 때도 확언집을 꺼내, "00가 쌩쌩해져 친구들을 만나 재밌는 시간 가졌어. 고마워."

이렇게 쓰고 긍정의 마음으로 확언하면 즐거운 그림이 떠올려지고 신기하게도 잘 해결되었다. 긍정문을 쓰는 행위는 상황에 휩쓸려 우왕좌왕하지 않게 해 주는 묘약이다. 내 마음의 안정을 위해 긍정 확언을 처방한다.

친정 아빠가 돌아가시고 많이 신경 써준 친척분들께 밥 한 끼 대접해 드리고 싶었다. 이렇게 확언했다. "주식 수익금으로 친척분들에게 호텔 뷔페를 사드렸어. 고마워." 장기투자 이외에 주식을 잘 하지 않는데, 그때 산 주식이 올라 딱 호텔 뷔페 가격만큼 수익이 났다. 이러니 내가 확언을 안 할 수가 있나. '고마워'란 말은 원하는 걸 이미 이룬 미래의 나에게 감사한 마음이 드니 절로 따라붙는다.

현실의 나랑 타협할 필요 없다. 나를 받아주는 무한대의 잠재의식에 무데뽀로 확언해 대자. 확언은 삶을 변화시키고 원하는 꿈을 이루게 하는 성공의 치트키다.

✓ KEY POINT

---

* 확언은 자신의 목표가 이루어졌다는 자기 암시문이다.
* 확언은 잠재의식에 성공의 이미지를 심어준다.
* 확언할 때 주어는 '나(I am)'로 시작하고, 서술어는 긍정형으로 맺는다.
* 확언은 삶을 변화시키고 원하는 꿈을 이루게 하는 성공의 치트키다. 나의 긍정 확언을 적어보자.

상상의 시각화: 꿈을 이미지로 만들어

"믿음을 가지고 마음속에 그림을 그리면
잠재의식이 그 그림을 외부 세계에 실현한다."
–윌리엄 제임스

    심리학의 아버지라고 불리는 윌리엄 제임스는 "믿음을 가지고 마음속에 그림을 그리면 잠재의식이 그 그림을 외부 세계에 실현한다"라고 주장했다. 그는 생각하면 정말 생각한 대로 된다는 걸 여러 실험을 통해 입증했다.

    만일 의사가 되고 싶으면 의사 가운을 입고 환자를 진료하는 모습을 상상하고 행동한다거나, 작가가 되고 싶으면 노트북 앞에서 글을 쓰고 내 책이 서점의 베스트셀러 코너에 전시된 장면을 그려보는 것이다.

    상상 속에서 내가 원하는 모습을 이미 이뤘고, 그렇게 느끼고 연기하며 행동하면, 그 모습이 잠재의식에 내려앉아 기적을 일으킨다. 부자 되기도 마찬가지다. 내가 부를 이룬 후에 하고 싶은 일을 상상하고 연기하면 부를 누릴 수 있게 된다.

빨간 머리 앤에게 상상이 없었다면 어땠을까?

문학 작품에서 볼 수 있는 상상력의 끝판왕 하면 떠오르는 대표적인 인물이 있다. 우리의 영원한 친구 빨간 머리 앤이다. 주근깨투성이에 빨간 머리를 가진 앤은 어릴 때 부모를 잃고 보육원을 전전한다. 입양되었다가 파양되기도 하고, 가사도우미로 끌려가 학대받다 쫓겨나는 등 비참한 환경에서 살아간다. 그러나 우리의 앤은 삶을 긍정적으로 보고, 꿋꿋이 앞으로 나가게 하는 강력한 무기를 가지고 있다. 바로 상상력!

친구 하나 없는 현실이지만 상상 속의 앤은 단짝 친구가 있고, 소매가 봉긋한 유행하는 옷을 입고, 반짝이는 호숫가에서 피크닉을 하며 늘 즐겁다. 수십 명이 한곳에 모여 딱딱한 침대에서 자는 보육원 생활이지만, 앤은 미래의 자기 방을 상상한다. 지붕 모양과 색, 방의 구조, 커튼과 침구 무늬까지, 앤의 상상은 섬세하게 꼬리에 꼬리를 문다.

어디 하나 편히 발 디딜 곳 없는 현실에서, 상상은 앤을 지탱

해 주는 힘이다. 결국 앤은 자기가 상상한 대로, 앤을 사랑해 주는 매슈와 마릴라에게 입양되어 단짝 친구 다이애나를 만나고, 학교도 다니며 행복하게 성장한다. 앤에게 상상이 없었다면 어땠을까? 비참한 현실에서 늘 주눅 들고, 우울하게 살아가며 생을 마감했을 거다.

나 역시 상상의 힘을 믿는다.

어릴 때 친정아버지 사업이 쫄딱 망했다. 이후로 나는 반항으로 점철된 사춘기를 보냈지만, 나에게 위안을 준 건 책과 상상이었다. 책상에 엎드려 상상의 나래를 펴는 걸 좋아했다. 상상에서는 내가 주인공이다. 상상 속의 세상은 나만의 세상이다. 내 머릿속의 상상에서 나는, 완전한 자유다.

그때 했던 상상은 40년이나 흐른 지금도 또렷이 기억난다. 그 당시 누군가 나의 상상을 들여다봤다면 말도 안 된다고 어이없어했을 것이다. 그렇다. 상상은 말도 안 되게 크고 환상적으로 해야 한다. 그때 내가 한 상상의 70% 정도는 현실이 됐으니까.

상상에서는 현실의 어려움, 누군가에게 무시당하고 상처받은 일은 끼어들지 못한다. 상상 속에서 내가 가고 싶은 세상을 만들어간다. 일단 새로운 이미지를 상상으로 구현하면 상상과는 다른 현실에 머물기 싫어진다. 현실로 돌아오면 상상의 세계를 현실로 이루기 위해 움직이는 내가 있었다.

그때 나에게 쓸데없는 대학 가지 말고 장녀니까 얼른 취직해 집안 살림에 보탬이 되라는 둥, 듣기 싫은 조언만 골라서 해준 친척들의 말은 그야말로 가스라이팅이었다. 대학 가는 게 죄를 짓는 것 같았다. 대학 다니는 내내 괜히 눈치 보며 친척들을 슬금슬금 피해 다니기까지 했다. 지금도 잘 살아가고 있는 나를 보며 기특하다는 말보다는 꼬인 말이 더 편한 분들이다.

상상이나 확언은 과거의 부정적인 감정과 선을 확실하게 긋는 데 도움을 준다.

부자 되기도 상상의 힘이 필요하다

어떤 일을 이루어 냈을 때 이미 있었던 일 같은 기시감이 들 때가 있다. 작가로 활동하는 나, 세 아이의 엄마, 사는 동네, 좋아하는 친구들과의 수다, 낯설지 않다. 언젠가부터 상상했던 익숙한 나의 미래이자 현재의 나이다.

부자 되기도 상상의 힘이 필요하다. 마음속에서는 벌써 이루어졌다고 생각하고 목표를 향한 신념을 확고하게 간직하면, 이상과 희망이 현실에서 이루어지는 날이 온다.

상상을 자극하는 시각화는 목표와 꿈을 구체화하는 데 좋은 방법이다. 꿈을 이미지화하는 거다. 비즈니스석을 타고 두바이 여행을 가고 싶으면 비즈니스 클래스 사진을 스케치북에 붙이거나, 스마트폰 폴더에 저장해 놓고 자주 꺼내 본다. 람보르기니를 사고 싶다면 람보르기니 차 사진을 여기저기 붙여 놓고 보며 목표를 자연스럽게 잠재의식에 심는다. 자꾸 보다 보면 '어떻게?'라는 순간이 오고 방법을 찾게 된다. 이는 행동으로 이어지며 목표 달성에 다가가게 한다.

2023년에 《부자력》을 출간할 때도 온갖 상상력을 동원했다. 일력은 처음 해보는 작업이고, 영어 원문도 같이 넣고 싶었다. 시중에 이미 나와 있는 일력 사진을 캡쳐해 《부자력》이라고 덮어씌우고 내 핸드폰에 있는 시각화 폴더에 '100쇄, 베스트셀러'라고 써넣었다. 매일 보고 상상했다.

기획서를 보내자마자 하루 만에 출판사의 편집자가 직접 찾아오겠다는 연락을 받았다. 작업은 하나하나 구슬에 실 엮듯이 꿰어졌다. 100쇄는 아니지만 일단 베스트셀러도 됐다.

내 시각화 폴더를 열면 휘황찬란하다. 가수 제니가 입은 샤넬 옷 사 입기도 있고, 토트넘 가서 손흥민 선수가 뛰는 경기 관람도 있다. 내 책이 넷플릭스로 영화화돼 전 세계 시청률 1위를 한다는 것도 있다. 1억을 기부해 김연아 선수처럼 아너 소사이어

티에 가입하는 것 등등 50개쯤 있는데 3분의 1은 벌써 달성했다. 버킷리스트 도장 깨기 하듯 이루는 재미도 있다. 스포츠카 구입도 있었는데 자꾸 보다 보니 질렸다. 이렇게 내가 진정으로 원한 게 아닌 것은 제외하면 된다.

상상한 대로 된다. 나는 내 미래를 디자인하는 아티스트다.

√ KEY POINT

* 부자 되기는 상상의 힘이 필요하다. 이루고 싶은 것을 적고 이미지화해 보자.
* 스마트폰에 시각화 폴더를 만들어 원하는 걸 모아 보자. 롤모델, 원하는 직장, 갖고 싶은 차, 살고 싶은 집, 가고 싶은 여행지 등을 모아 두고 자주 보면 잠재의식에 각인된다.

[부의 마인드셋④]

감사: 왜 감사가
부의 끝판왕일까

"결과에 감사함을 느끼기보다, 원하는 일에서 원하던 결과가
완전히 이루어졌다고 여기고 감사함을 표하라."
– 밥 프록터

감사 일기를 쓰기 시작했다. 성공하는 사람들의 습관이라니 따라 해 볼까, 하는 마음이었지 처음부터 각 잡고 쓰진 않았다. 부와 성공을 확언하고, 이루어졌다는 상상을 하다가, 감사한 마음이 넘쳐 주체를 못해 쓰게 되었다. 경이로운 경험이다. 마음이 부자라는 게 무슨 말인지 깨닫는 순간이었다.

확언과 상상으로 마음에서 목표한 일이 다 이루어졌다는 미래의 확신은 마음의 풍요와 여유를 준다. 미리 다 받았다는 마음의 풍요는 내 주변의 모든 것에 감사하게 한다. 마음이 부정과 비난으로 가득 차 있으면, 내가 가지지 못한 것에 집착하고 비교하며, 다시 가난 마인드로 돌아가는 악순환에 빠진다.

《부자의 언어》의 저자 존 소포릭은 무슨 일이 발생할 때마다 감사의 감정에 초점을 맞췄다고 한다.

"나는 결과에 감사함을 느끼기보다 원하는 일에서 원하던 결과가 완전히 이루어졌다고 여기고 감사함을 표한다. 내 삶에서 그것이 작동하는 듯 보였기 때문이다. 감사한 일이 일어날 것으로 예측하며 그 일에 집중하는 것은 확실히 효과가 있었다."

그는 병원 건물과 주차장 시설 변경 문제로 고심했을 때도 잘 해결됐다는 미래의 감사한 마음으로 노력을 다했고, 공무원들과 도시계획자들 사이에서 충돌 없이 좋은 방향으로 풀어나가 모두를 놀라게 했다.
미리 불타는 듯한 감사를 느끼는 것은, 내 안의 잠자는 거인을 깨워서 놀라운 결과를 안겨준다.

감사는 긍정의 마인드다

감사는 긍정의 마인드다. 밥 프록터, 오프라 윈프리, 빌 클린턴, 팀 페리스 등 성공한 사람들은 매일 감사 일기를 쓴다고 알려졌다.

감사가 넘치는 마음은 매사 기쁘고, 즐겁고, 겸손하게 만드는 힘이 있다. 감사는 내가 무언가를 받았을 때 갖는 마음이다. 나 혼자 잘났다고 느낄 수 없는 감정인 거다. 도움을 받을 때, 사랑받을 때, 원하는 게 이루어졌을 때 강하게 느낀다.

감사의 마음이 가득하면 대상이 무엇이든 간에 무조건 감사하게 된다. 침대 정리를 할 때면 나를 포근하게 잠들게 해준 이불과 베개에게도 감사한 마음이 올라온다.

카페에서 커피를 만들어 준 직원에게도, 버스를 운전하는 기사에게도, 음식을 갖다주는 직원에게도 감사 인사를 절로 하게 된다. 사춘기 딸이 툴툴거리는 것에도 성장을 위한 당연한 과정이니 지금 겪는 것에 도리어 감사한 마음이 든다. 쓸데없는 갈등 요소가 저절로 줄어든다.

감사하는 마음이 주체할 수 없을 정도로 넘쳐 감사 일기를 쓰게 된 일은 오십 평생 처음 경험하는 일이었다. 인생을 살며 불쑥 떠오르는 케케묵은 감정의 찌꺼기들이 날아간다. 동료 작가

들은 나보고 긍정의 아이콘이라 부른다. 내가 언제부터? 불과
몇 년 전만 해도 뭐만 하면 안 될 것 같다며 질질 짜고, 툴툴대기
끝판왕이었는데 말이다.

내 감정이 부를 향해 가고 있구나

밥 프록터의 《부의 원리》를 읽으며 '나의 감정이 부를 향해
제대로 가고 있구나'를 느꼈다. 그는 "결과에 감사함을 느끼기
보다, 원하는 일에서 원하던 결과가 완전히 이루어졌다고 여기
고 감사함을 표하라"고 했다.

감사하는 마음이 상황에 좌우되는 감사라면 그것은 기껏해야
일시적인 감사다. 그런 감사는 역경이나 악조건을 만나는 순간,
당신의 마음에서 완전히 날아가 버릴 것이다. 환경이나 상황에
상관없이 지속하는 깊은 감사의 마음을 배양하는 것이야말로
부를 끌어들이는 진정한 방법이다.

그래, 나의 마음은 상황이나 결과가 좋게 나와야만 하는 감사
가 아니다. 그냥 늘 무언가를 받아 넘치는 감사의 마음은 평화
롭고 즐겁다.

이런 감사의 마음이 부를 끌어들이는 올바른 방법이니 꼭 하

길 바란다. 일상을 감사로 채우면, 내가 이제껏 많은 것을 받고 있고, 누리고 있는 소중한 존재라는 걸 새삼 깨닫게 된다. 이미 성공해 많은 걸 이룬 나의 미래에 감사하자.

현실에서 이루어지지 않았는데도, 확언과 시각화로 미래의 일에 집중하며, 이미 마음에서 이루어진 것에 대한 넘쳐흐르는 감사의 마음.

내 삶에 이것이 작동했을까? 200% 작동했다. 오랜 숙원이었던 등단을 이뤘고, 투자 실패 후 눈 질끈 감고 모으기만 했던 주식도 서서히 오르며 2년도 안 돼 50%의 수익과 배당으로 외적 풍요를 주었다.

'대학에 붙게 해주세요'가 아니라, '원하는 대학에 합격해 좋은 친구 만나 즐겁게 생활하고 있어서 감사하다'고 해보자.

'승진하게 해주세요'가 아니라, '승진해서 능력을 더 발휘할 수 있어서 감사하다'고 해보자.

'사업 번창하게 해주세요'가 아니라, '불같이 잘 돼 1,000억 자산가가 되어 빌딩도 세우고 기부도 하게 되어 감사하다'고 해보자.

이도 저도 하기 힘들면 단 하나의 문장만 적어도 된다.

"나는 감사합니다."

꼭 어떤 특정 대상에 대한 감사일 필요는 없다. 결국 모든 것
에 감사하게 되니까.

눈 뜨자마자 '감사합니다', 열 번 소리 내 말해 보자. 감사함
에서 얻는 에너지가 하루를 강력하게 만들 것이다.

감사는 보이지 않는 힘이다.

✓ KEY POINT

* 감사는 긍정의 마인드다.
* 눈 뜨자마자 '감사합니다'를 열 번 소리 내 말해 보자.
* 어떤 상황에서도 지속해서 감사의 마음을 갖는 것이 부를 끌어당긴다.
* 감사는 보이지 않는 힘이다.

[부의 마인드셋⑤]

부의 습관:
성공은 사소한 것의 집합이야

"성공하고 싶다면 침대부터 정리하라!"

-맥 레이븐

성공은 사소한 일의 집합이다

"성공하고 싶다면 침대부터 정리하라!"

ROTC 출신 미 해군 장교인 맥 레이븐이 2014년 텍사스 대학 졸업 연설에서 했던 말이다. 언제부터인가 성공하기 위해 꼭 새겨야 하는 명언이 됐다. 세상을 바꾸는 위대한 일은 아주 작은 습관에서 생겨난다는 말이다.

아침에 눈 뜨자마자 제일 먼저 침대 정리의 완수는 첫 번째 과업을 달성했다는 성취감을 준다. 인생에서는 이런 사소한 것들의 집합이 성공으로 이어진다. 목표는 호텔 수준의 정리가 아니고 시각적 깔끔함이다. 3분 이내로 끝내야 한다. 습관이 되면 1분 만에도 끝낼 수 있다. 하루가 끝나고 다시 침대로 돌아갈 때 내가 대접받는 기분이 일상이 된다.

그동안의 나를 돌아봤다. 눈뜨자마자 이불 속에서 몸만 쏙 빠져나와 별생각 없이 하루를 보내다, 저녁때 구깃한 이불 속으로 몸을 쑤셔 넣고 잠들기 일쑤였다.

침구도 부자 공부하며 하얀색으로 바꿨다. 베게 탁탁 털고, 이불 싹싹 손으로 펴서 반듯하게 정리한다. 책에 틀린 말 하나 없다. 깔끔하게 정리된 침구는 예쁘고, 저녁때 지친 몸을 끌고 누울 나를 위해 우아한 자태를 뽐내고 있다. 마음이 정갈해지고, 나 스스로 나를 존중하는 느낌이 든다.

왜 진작 침대 정리를 하지 않았을까? 아마도 청소작업이라 생각하고 귀찮은 거, 힘든 거, 시간이 걸리는 거라며 미뤘던 거 같다. 내가 열심히 하니 어느샌가 남편도 눈뜨면 제일 먼저 자신의 침구부터 정리한다. 우리 부부에게 나를 존중하는 아침 의식이 생긴 거다. 정신도 깨어나고 기분도 좋아지는 건 덤이다. 부자들이 제일 많이 하는 리츄얼이라는데, 이 정도는 해줘야지.

부자의 집은 향이 다르다

좋은 습관은 꼬리를 문다. 매주 월요일 물티슈 한 장 들고 현관 닦고 좋은 향 뿌리기, 매달 첫날 가족의 칫솔 교체, 수세미 교체, 세탁 건조기 먼지망 청소하기 같은 나만의 부의 루틴이 추가되었다.

현관 닦는 것도 청소해야지 하면 마음이 무거워진다. 그냥 물티슈 한 장 들고 샤샤샥 닦아버리는 거다. 닦다 보면 문손잡이도 닦고, 신발장 문고리도 한 번 닦아주게 된다. 5분을 넘기지 않게 한다. 이것 역시 목표는 시각적 깨끗함이다.

베이킹소다를 뿌리고 신문지를 구겨서 어쩌고저쩌고하며 구석구석 먼지 한 톨 없게 하는 청소라면 부담돼서 지속하지 못한다. 주말이 끝난 한 주의 시작 월요일을 현관 닦기로 상쾌하게 만드는 거다. 월요 증후군이 다 무엇이냐.

그리고 마지막에 향을 뿌린다. "부자의 집은 향이 다르다"는 것도 책에 많이 소개되어 있다. 부자들의 집에는 "보이는 곳에 쓰레기통이 없고, 꽃이 곳곳에 꽂혀있고, 좋은 향기가 난다"는 거다.

영화 〈기생충〉을 보면 부잣집 어린 아들이 냄새로 계층을 알아보는 장면이 나오는데, 그 디테일에 소름 끼쳤었다. 백화점이

나 큰 빌딩에서는 화장실에서도 좋은 향이 난다. 향이 금방 날아간다 해도 매일 뿌리면 은은한 잔향이 남는다. 내가 좋아하는 향은 러쉬 바디미스트 제스티다.

우리 집에 온 손님들은 집에서 좋은 냄새가 난다고 말한다. 40년 된 오래된 아파트라 더 신경 쓴다. 화장실에도 칙칙 뿌리면 나의 월요일 아침 루틴은 끝난다. 일주일에 한 번쯤 꽃 한 송이라도 사다 꽂는다. 향을 돋보이기 위한 기본은 정리, 정돈이다. 부지런히 재활용도 분리 수거하고, 쓰레기통도 비운다.

어려운 거 하나 없다. 집이 단정해지면, 내 마음도 단정해진다. 쉬운 부의 루틴을 SNS에 소개했더니 반응이 아주 좋았다. 하찮은 집안일도 마음먹기에 따라 이렇게 근사해질 수 있다는 거에 놀랐다고 고맙다는 인사까지 받았다.

아리스토텔레스는 "마음가짐은 나중이다"라고 했다. 어떤 행동을 하면 그 마음이 생겨난다는 말이다. 자신만의 간단한 부의 습관을 만들어 실천하며 풍요로운 마음을 만들어 보자.

* 아침에 일어나면 침구부터 정리하자. 나를 대접하는 일이다.

* 성공은 작은 습관의 집합이다.

* 풍요로움은 간단한 부의 습관을 지속적으로 실천할 때 만들어진다. 나만의
  부의 습관을 만들어보자.

* 좋은 향기가 나는 집이 부를 끌어당긴다.

부자 마인드셋을 위한 동화작가의 추천 도서 5선

1. 《생각하라 그리고 부자가 되어라》, 나폴레온 힐

1937년 발간. 부의 공식이 있음을 40여 년간의 연구와 검증을 통해 밝혀낸 최초의 성공학 책. 성경 다음으로 많이 팔렸다고 한다. 부자가 되기 위해서는 학벌, 재력, 인맥 등이 중요하다는 기존의 통념을 깨고, 부자가 되고싶다는 강한 열망을 품은 '생각'이 부의 출발점이라고 강조한다.

2. 《부자의 언어》, 존 소포릭

평범한 물리치료사였던 저자가 30대에 경제적 자유를 달성한 후, 부를 일구는 과정을 정원 가꾸는 일에 빗대어 아들에게 부의 메시지를 소상히 알려준다. 경제적 자유를 이루려면 오랜 시간과 고통 감내, 그리고 인내라는 불편의 다리를 건너야 하며, 행복한 삶은 문제 없는 삶이 아니라 문제를 극복하는 삶이라 조언한다.

3. 《잠재의식의 힘》, 조셉 머피

저자에게 잠재의식은 몸과 마음이 치유되는 곳이고 부가 생산되는 곳이다.

또한 저자는 많은 사람이 재물이 많아야만 부유함을 느낄 수 있다고 착각하는데, 반대로 부유하다고 느낄 때만 부를 끌어당길 수 있다고 주장한다. 부를 이루기 위해서는 잠재의식을 마음껏 활용해야 한다는 것이 이 책의 주장이다.

4. 《백만장자 시크릿》, 하브 에커

흙수저, 성공, 탕진, 재기에 성공 등을 거듭하면서 정립한 부의 이론을 담은 책. 세계 수많은 사람이 이 책에 영향을 받아 부의 대열에 올라섰다. 다른 건 몰라도 책에서 소개하는 통장 관리법만 익혀도 책의 값어치는 한다. 진정한 부자가 되려면 나만이 아니라 타인의 삶에도 가치를 더 해줄 수 있어야 한다고 쓴소리, 고운소리 다 하는 매운맛 버전 자기계발서.

5. 《부의 원리》, 밥 프록터

밥 프록터는 《시크릿》에 나오는 첫 번째 주인공이다. 찢어지게 가난하고, 정규 교육도 받지 못하고, 사업 경험도 없던 저자는, 26세에 삶이 극적으로 바뀌는 경험을 한다. 자신이 이룬 부에 스스로도 놀라워 48년에 걸쳐 부에 대해 연구하고 쓴 책이 《부의 원리》다. 책에서 저자는 부≠돈, 부=마인드셋, 부=과정, 부=자유이며, 부를 늘리는 주요 수단으로 경청과 감사를 강조한다. 인생의 지침서로도 좋은 책.

내가 주린이 시절에
보고 배운 것들

PART 2

기회가 오지 않을 때는 현금을 보유하라.

-세스 클라먼

주식 세계에서
인생의 쓰라림을 맛봤어

대학 갓 졸업한 혈기 왕성한 젊은 시절. 어렵게 얻은 직장이 비교적 한가했던 아프리카의 어느 국가 대사관이었다. 1990년 대는 토요일도 직장에 나가서 일하던 시대였다. 대사관은 토요일도 쉬고, 그 나라 공휴일도 쉬고, 우리나라 공휴일에도 쉬었다. 게다가 오후 3시 퇴근이었다.

넘쳐나는 시간에 노는 것도 한두 번이지 사회 초년생이 꿈을 갖고 일하기에는 따분하기 그지없는 곳이었다. 월급은 쥐꼬리보다 짧았고, 편한 것도 잠시, 일상이 지루하고 일에 회의가 느껴지기 시작했다. 목표를 갖고 성취감을 얻을 수 있는 직장에 다니고 싶었다.

경력에 학력을 더 붙여 직장을 옮기겠다 마음먹고 대학원에 다녔다. 그때 '주식투자론'이란 수업을 수강했는데 꽤 재밌었다. 피터 린치, 조지 소로스, 워런 버핏 등의 주식투자 대가들의 책을 접하고 경제 신문을 읽으면서, 모의 투자가 아닌 실전 투자를 하고 싶다는 갈망이 생겼다.

직장 생활을 하면서 모은 돈 조금과 저축밖에 모르는 엄마를 꼬셔서 엄마의 쌈짓돈을 더해 주식투자란 걸 시작했다. 이때 (1995년)는 요즘처럼 스마트폰 하나만 있으면 간단히 주식을 매매할 수 있는 시대가 아니었다.

증권회사에 전화하거나 증권회사 영업장에 가서 종이에 일일이 매수 호가를 적어 증권사 직원에게 제출해야 했다. 매도할 때도 마찬가지였다. 동시 호가에 빨리 주문 넣으려고 증권회사 직원과 친하게 지내려는 사람들도 많았다. 간식거리가 직원들 책상 앞에 늘 쌓여 있었다.

지금처럼 정보가 넘쳐나는 시대가 아니었기에 대형 주식 전광판이 있는 객장에는 사람들이 언제나 바글바글했다. 은퇴하고 주식 투자하러 증권회사 객장으로 출근하는 연세 지긋한 분도 많았다. 객장은 정보 교환하며 이런저런 수다를 떨고, 전광판에 오르내리는 가격표에 함께 동요하며, 뉴스도 보고 또 주문도 하는 동네 사랑방 같은 분위기였다.

누가 어떤 종목을 샀는데 불같이 치고 올라가면 우후죽순 따라 사는 사람이 어찌나 많았는지. 요즘은 "수익을 내려면 SNS의 지나친 정보를 차단하라"고 조언하기도 하는데, 당시에는 "객장에 나가지 말라"는 조언이 꼭 포함되었다. '불필요한 소음을 차단하라'는 맥락은 같다.

나는 객장에 나갈 시간도 없고, 거기에 앉아 정보를 얻고 싶은 마음 역시 눈곱만큼도 없었다. 그렇다고 주식을 제대로 공부하는 것도 아니었다.

치기 어린 상식과 어렴풋한 감으로 하다 보니 오르면 파는 시기를 놓쳐서 잃고, 내리면 손절매도 해야 하는데 마냥 들고 있다가 깡통 계좌까지 가는 체험도 했다.

엄마가 안 먹고, 안 쓰고 모은 돈이 순식간에 날아갔다. 미안하다는 소리도 제대로 못 하고 모녀 관계가 묘하게 흘러갔다. 그때 종잣돈을 모을 때까지는 저축이 제일 좋은 재테크 방법이라는 걸 깨달았다.

자신만의 종잣돈(여윳돈)이 없으면 절대 주식에 투자하지 말자, 아는 주식만 건드리자, 인내하자, 욕심부리지 말고 일정 수익이 나면 미련 없이 처분하자 등등 인생을 배우는 쓰라린 시기였다.

* 종잣돈을 모을 때까지는 저축이 제일 좋은 재테크다.

* 투자는 종잣돈(여윳돈)으로 시작해야 한다.

급한 불을 끄려고
주식에 투자했어

엄마의 피 같은 돈을 홀랑 날리고는 주식을 잊어버리고 살았다. 직장을 옮기고 1996년쯤 우체국에서 직원이 나와 적금 상품을 홍보했다. 나는 동료들이랑 3년 만기 500만 원 적금에 들었다. 그때 이자가 12%였고 비과세였으니, 실질 금리 마이너스 시대인 지금에서는 상상하기 힘든 파격적인 상품이었다.

지금 이렇게 이자도 많이 주고 원금도 보장되는 상품이 있다면 가입하려는 사람들로 은행이 미어터질 거다. 그러니 그때는 굳이 힘들게 주식투자 할 필요도 없었다. 이런 적금을 드는 게 최고의 재테크였다.

궁하면 통한다고 했던가

1997년에 결혼했다. 결혼하고 보니, 물론 남편은 훌륭했지만, 남편이나 나나 맨땅에 헤딩하는 신세였다. 70년대 초반에 태어난 또래 친구들은 풍요롭기보다는 대부분 비슷하게 어렵게 살았다. 구구절절 못 살던 시대의 이야기를 굳이 꺼내고 싶지 않지만, 없어도 너무 없었다.

"한 방에서 일곱 식구가 같이 생활하며, 책상도 없어서 책을 쌓아놓고 그 위에서 식구들 잠든 틈에 공부했다"는 증조할머니 세대에서나 있을 법한 이야기의 실사판 남편. 사춘기 때 친정 아빠가 사업에 실패해 가세가 기울며 20대 중반까지 철없이 헤매던 나. 이런 둘이 만났으니, 생활이 조이고 어려운 건 예견된 일이었다.

서로 목돈이 없어 월세로 신혼 시절을 보냈다. 여기다가 시댁의 생활비와 제사, 명절, 각종 행사는 오롯이 우리 몫이었다. 첫 아이를 낳고 한 푼이 아쉬워 결혼하기 전에 들었던 3년짜리 우체국 적금 500만 원을 깰까 수도 없이 생각했지만, 일단은 버텼다. 당장 쓸 돈이 너무 많았고, 적금으로 해결하기엔 액수가 너무 적었다. 그냥 슬며시 없어져 버리기에 딱 좋은 돈인 거다.

궁하면 통한다고 했던가? 그때 퍼뜩, 잊고 있던 주식이 생각났다. 어차피 이리 쓰고 저리 써도 없어지는 돈, 다시 한번 해보자며 증권계좌를 텄다.

투자의 대가 워런 버핏을 좋아해 나도 그의 '원칙적 장기투자'를 지지하고 있었지만, 그럴 형편이 아니었다. 분유라도 넉넉히 쟁여놓고 싶은 열망에 머리를 쥐어짜며 당시 폭락하던 하이닉스(SK가 인수하기 이전의 현대전자) 주식을 샀다.

하이닉스는 경영 악화로 주가가 푹 떨어지며 증권시장의 핵폭탄이 되었다. 위기 전에는 4만 원대의 잘 나가는 주식이었다가 135원까지 떨어지기도 했다. 하루 거래량이 어마어마하고 급등락이 심해 손대기 위험한 주식이었다.

마이너스 통장까지 끌어와 고심을 거듭하여 하이닉스 주식을 샀다. 400원대에 산 주식이 3천 원까지 뛰어올랐다. 그러다 8천 원, 만 원으로 더 오를 거라는 생각도 들었지만, 일단 빚을 갚고 생활에도 보태야 한다는 생각에 눈 딱 감고 매도해 빚부터 갚았다. 속이 시원했다. 역사에 만약은 없지만 지금까지 갖고 있었다면 빌딩을 살 뻔했다. 하이닉스는 2024년 현재 시총 2위 주식으로 16만 원대다.

어쨌든 갓난아이 키우며 불안한 마음을 안고 롤러코스터 타듯 올라타는 주식투자는 일상 유지를 힘들게 해 더 지속하기가 어려웠다. 내가 절박하니 하늘이 한번 도와주신 거로 생각했다.

친정엄마의 쌈짓돈이
열 배가 넘는 수익으로 돌아온 이야기

큰 애가 서너 살 때쯤 친정엄마는 쌈짓돈을 갖고 있었다. 저축 이자율이 낮아 뭘 해야 할지 모르겠다며, 10년 후쯤 아빠 은퇴를 대비해 모아둔 쌈짓돈을 나에게 맡겼다. 급한 돈이 아니니 알아서 하라고 했다. 엄마를 다시 설득해서 증권계좌를 텄다. 안전빵으로 무조건 삼성전자 우선주를 샀다.

1999년 액면분할[2]하기 전 삼성전자(우)의 가격은 3만 원에서

---

2   주식 액면분할이란 주식의 액면가를 일정 비율로 나눠 주식 수를 늘리는 것을 말한다. 주가를 낮추고 주식 수를 늘려 개인투자자들의 활발한 거래를 유도하기 위해 실시한다. 삼성전자 주가는 200만 원을 넘어서면서 주가가 지나치게 높아 주식을 매입하기에 부담스럽다는 의견이 많았다. 2018년 5월, 삼성전자

시작해서 20만 원에 육박할 정도로 상승세를 타고 있었다. 삼성전자 본주의 가격은 30만 원이었다. 당시에 너무 비싸 사고 싶어도 쳐다만 보던 주식이었다.

촌각을 다투며 사고파는 매매에 질려버린 나는 우량주에 장기투자 하기로 했다. 더군다나 엄마의 노후 자금 아닌가? 이미 한번 홀랑 날린 경험도 있었고, 절대 지켜야 했다.

자본이 일하는 것을 경험하다

무조건 삼성전자 우선주를 4만 원대에 돈 되는대로 산 후 한 번 쳐다도 안 보고 잊어버리고 있었다. 그러다 친정아빠의 은퇴가 병과 함께 빨리 와서 6년이 지나 계좌를 열어보았다. 2006년 50만 원대가 돼 있었다. 4만 원대에 샀으니 열 배가 넘는 수익이다. 독일의 전설적인 투자가 코스톨라니의 말이 딱 맞았다.

"우량주를 사고 수면제를 먹고 몇 년 동안 푹 자고 일어나면 부자가 되어 있을 것이다."

는 50대 1의 비율로 액면분할을 실시했다.

수면제를 먹은 것도 아니고 푹 잔 것도 아니지만, 무심한 스타일의 엄마와 육아에 바쁜 내가 6년 동안 사놓고 잊고 있었던 돈이 그렇게 불어나 있었다. **내가 일하지 않아도 자본이 일하고 있었던 거다.**

매일 신경을 곤두세우지도 않았고, 차트를 눈 빠지게 보지도 않았다. 맘 편히 내 할 일을 했을 뿐인데 물가 상승을 훨씬 웃도는 수익률이 나왔다. 배당까지 차곡차곡 쌓여 있었다. 주식 대가들의 말을 직접 체험하니 장기투자의 묘미가 느껴졌다.

사놓고 잊어버린 사이에 은행이나 증권회사가 이합집산하면서 합병하기도 하고 사라지기도 했다. 돈을 찾으려니 통장을 다시 만들어야 했다. 통장을 만들면서 6년 동안의 삼성전자 주식 흐름을 살펴보니 1년 동안 정체 시기도 있었고, 빠지기만 한 시기도 있었다.

한두 푼도 아니었는데, 그걸 자주 들여다보았다면 어땠을까? 1년간 오르지도 내리지도 않고 주가가 제자리인 것을 봤다면 답답함을 견디지 못하고 팔고 다른 걸 샀을지도 모른다.

그때는 아빠가 쓰러진 뒤라 앞뒤 생각 안 하고 엄마에게 현금을 줘야 한다는 생각에 무조건 팔았다. 팔고 나서 2008년 금융위기도 오고 등락을 거듭했지만, 삼성전자는 2018년 287만 원고점을 뚫었다. 내가 샀던 삼성전자 우선주도 200만 원을 터치했다. 만일 지금까지 갖고 있었으면 엄마는 주식 부자가 돼 있을 거다.

결혼 전 엄마 돈 빌려 주식 하다 날린 경험이 마음 한쪽에 걸려 있었는데, 멋지게 몇 배의 수익으로 되돌려주어서 기뻤다. 현금의 뿌듯함을 맛보게 하려고 큰돈을 봉투에 꽉꽉 담아서 드렸다. 엄마도 기대 이상의 수익이라며 고마워했다.

그런데 이게 어찌 된 일인가? 이 원고를 쓰면서 그때 일이 떠올라 불쑥 얘기를 꺼냈더니, 엄마는 "돈 있어도 주식 절대 안 한다, 옛날에 준 돈 다 어디 갔냐"고 물어오는 거다. 윽, 나는 뒤통수를 한 대 맞은 것 같았다. "그때 다 챙겨서 줬잖아." 하고 따지니, 엄마는 "그랬나? 내가 받았나?" 하고 반문한다.

적은 돈도 아닌 데 어이없기도 하고 화도 났다. 집에 와서도 너무 찜찜했다. 며칠 동안 잠도 안 왔다. 1원도 손 안 대고 고스란히 챙겨 드렸건만. 그때 옆에서 지켜보던 남편이 "수고했다고 수수료 안 주시나?"라는 농담도 했었다.

15년 동안 엄마의 자산을 늘려준 걸 뿌듯해하며 살았는데, 그동안 엄마는 나만 보면 '그 돈 다 날렸다'라고 생각했을 거 아닌가?

온라인으로 송금했으면 증거라도 남았을 텐데. 가족이든, 지인이든 적은 금액이라도 돈거래는 증거를 남겨야 한다는 다짐을 했을 뿐이다.

2008년 공포의 장에 내가 증권사를 찾은 이유

파산 직전의 끝 모를 뜨거움

주식에 관한 책을 읽어보면 자주 등장하는 연도가 있다.

2008년.

서브프라임 모기지(비우량 주택담보대출) 사태로 전 세계 금융 시장이 붕괴된 해이다. 촉발은 150년 전통의 미국 금융기관 리먼 브라더스의 파산이었다. 주택 가격이 해마다 치솟던 당시, 금융기관은 신용도가 낮아도 주택을 담보로 마구잡이 대출을 해주었다.

거품이 터지며 하늘 높은 줄 모르고 오르던 부동산 가격은 순식간에 땅 밑의 지하까지 꺼져 내려갔다. 집값이 30%씩 하락하였고, 은행들은 현금을 확보하려 주식, 채권, 부동산 할 것 없이 낮은 가격에 던졌다. 팔려는 사람만 가득한 시장에 매물은 쌓이고, 대출자들은 이자를 감당 못 해 파산이 속출했다. 금리는 천장을 모르고 뛰어 올랐다.

금융기관의 위기는 실물 경기 붕괴를 낳았고, 세계 무역에도 영향을 미쳤다. 많은 국가에서 긴축 조치를 단행했고, 도미노처럼 전 세계에 경제적 어려움이 퍼져나갔다.

금융위기를 예견한 펀드 매니저 마이클 베리의 실화를 바탕으로 한 영화 〈빅 쇼트〉를 보면 거품이 터지기 직전, 흥청망청 타락한 월스트리트의 군상을 볼 수 있다.

국내에서도 2007년 주식투자 열풍이 거셌다. 당시 러시아, 인도, 중국 등 신흥 경제 국가에 투자하는 해외 펀드가 열풍이었다. 이 펀드가 인기를 끈 이유는 무엇보다 투자 대상국들이 하나같이 유망하다는 것이었다. 브라질은 세계 1위의 원자재 수출국이고, 러시아는 세계 1위의 에너지 수출국이자 2014년 동계 올림픽 개최지였다.

뉴스 메인에 '펀드 수익률이 사상 최고치'라는 뉴스가 매일 오르내렸다. 날마다 주가가 오르니, 수익을 실현하기도 전에 차부터 바꾼 사람도 꽤 많았다. 주식에 전혀 관심이 없던 내 친구도 펀드 수익률을 자랑하던 기억이 난다.

나도 펀드 하나쯤 들어야 하는 거 아닐까 했지만, 너무 올라 직감적으로 좀 늦었다는 생각이 들었다. 주린이 시절 엄마 돈으로 주위의 의견에 휩쓸려 사고팔다 망했던 경험은 머리와 몸에 새겨졌다. 값비싼 수업료였다.

"공포에 사라"는 격언을 실천하다

활황을 거듭하며 절정으로 치닫던 2007년의 금융시장에서 2008년의 몰락을 예상한 사람은 거의 없었다. 그러나 불과 1년 후, 드디어 터질 게 터졌다. 리먼 브라더스의 파산으로 시작된 금융위기는 전 세계를 덮쳤다. 우리나라도 예외는 아니었다.

나는 막내를 둘러업고 과감히 증권회사로 갔다. 그동안 들고 싶어도 너무 올라 못 들었던 펀드를 들기 위해서였다. "공포에 사라"는 증시 격언을 실천하기 안성맞춤일 때 아닌가.

증권회사의 문을 열고 들어섰을 때, 영업장에 내려앉은 고요하고 침울한 분위기를 나는 잊을 수 없다. 초상집 분위기였다. 절망에 빠졌다는 문장은 이럴 때 쓰는 거구나, 싶었다.

정적을 깨고 펀드 가입하러 왔다고 직원에게 문의하니, 사무적인 친절함조차 잊은 채 어두운 얼굴로 고개를 갸우뚱하던 담당자의 모습이 지금도 생생하다.

나는 미국 우량주 펀드를 골랐다. 증권회사 직원인 자신도 아이 이름으로 월 10만 원씩 들었던 펀드가 반토막 나서 방금 해지했다며, 조심스레 무슨 일이 일어났는지 알고 있냐고 물었다.

"이렇게 쌀 때 사는 게 맞지 않나요?"

책으로 공부하고, 실전 경험을 쌓으며 조금씩 소신을 갖게 된 나는, 공포에 주식계좌를 열었다. 장기투자에 적합한 미국 우량주 펀드를 고른 것도 잘한 일이었다.

큰애, 둘째가 초등학생이었는데 그때까지 마음에 드는 상품이 없어 변변한 적금 하나 안 들고 있었다. 기회는 이때다 싶어 통장에 있던 돈 다 빼서 반은 예치하고 나머지 반은 적립식으로 투자하는 펀드를 만들어버렸다. 아이들 백일, 돌 때 받은 부조금까지 다 털어 넣었다.

그때 하필 남편에게 전화 와서 어디냐고 물었다. 뭐라 할 게 뻔했지만 거짓말하기도 그래서 증권회사에 왔다고 하니까, 미쳤냐고 빨리 나오라고 난리를 쳤다. 알았다고 하고 일단 끊고 끝까지 가입하고 나왔다.

결과적으로 5년 후 펀드 수익률이 100%가 넘었다. **그때 복**

리의 힘도 깨달았다. 이렇게 편하게 주식에 투자하는 방법도 있다는 것도 알았다. 적금 붓듯 또박또박 부었을 뿐인데 수익률이 100%에 근접하다니.

공포에 사고 환희에 팔다

세 아이의 학비를 위해 7년 후쯤 펀드를 환매했다. 그때 수익률을 보고 놀란 증권회사 직원의 얼굴이 지금도 기억난다.

"좋을 때 가입하셨네요."

공포에 사고 환희에 판 첫 경험이었다. 학비에도 보태고 육아에 찌들었던 나를 위한 선물로 세 아이와 괌에 가서 일주일 동안 실컷 놀았다. 그러고도 남아 500만 원이던 나의 종잣돈도 조금은 불어났다.

사람들 사는 세상, 무너질 것 같고 땅굴 파듯 끝없이 꺼져 들어가 희망이 안 보이는 것 같아도, 그 과정을 극복하고 점진적으로 나아갈 것이라는 확신이 있기에 투자했다.

한 가지 아쉬운 점은 이때 "수익의 일부는 평생 내 곁에 머물러야 한다"라는 원칙을 갖고 있지 못했다는 점이다. 수익을 내는 데만 초점이 맞춰져 있는 재테크는 오래가지 못한다. 수익이

나면 수익을 관리하는 것도 생각해야 한다.

* 공포에 사고 환희에 팔아라.

* 수익에만 초점을 맞추지 말고, 수익의 일부는 평생 내 곁에 머무르게 한다
  는 원칙을 갖고 투자하자.

PART 3

나는 내 돈을
경영하는 CEO다

돈을 통제하지 않으면
돈이 당신을 통제할 것이다.

-데이브 램지

도대체 내가 번 돈은 다 어디로 갔을까

오십 평생 살면서, 내 사전에 돈을 잘 관리해 자산을 늘린다는 개념이 없었다. 부자가 되는 건 땅을 사거나, 건물을 사거나, 돈을 엄청 많이 버는 것쯤으로 생각했다. 내가 그걸 어떻게 해, 남편이 알아서 하겠지, 뭐 어떻게 되겠지. 아무 생각이 없었다. 사십 대까지 내 수중에는 늘 커피값 정도의 용돈만 있었다.

오십이 되어 책을 출간하니 인세라는 게 들어오고, 강연도 들어와 강연비를 받았다. 칼럼을 쓰고 원고료도 받았다. 책을 보고 방송국에서 연락이 와 출연을 하게 되니 출연료라는 것도 들어왔다.

온라인 교육 플랫폼 클래스101에 〈50, 인생 후반전을 좌우

하는 우아한 근육 만들기〉 강좌를 론칭했다. 매달 따박따박 통
장에 수익금이 찍혔다. 일정하게 들어오는 돈이든 아니든 어쨌
든 수입은 제로에서 분명히 늘어났다.

나만의 부의 시스템을 만들어라

수입은 분명 늘었지만, 그렇다고 돈이 쌓이는 것은 아니었다.

"비교적 많은 돈을 버는 데도 빚은 빚대로 늘어가는 게 도대
체 말이 되느냐는 거였다."

보도 섀퍼의 《돈》에 나오는 구절이다. 나는 이 구절을 읽으며
'나 같은 사람이 많은가 보다' 하며 놀랐다. 폼나게 쓰는 것도 아
니고, 돈을 모으는 것도 아니고, 주택 자금 대출이 줄어드는 것
도 아니고, 도대체 내가 번 돈은 다 어디로 갔냐는 말이다.

나는 부자 되는 법을 어디에서도 배우지 못했다. 학교에서도
부모님에게서도. "돈만 밝히는 속물이 되지 말라"는 말만 무의
식에 탑재돼 있을 뿐이었다.

주변에도 돈을 구두쇠처럼 모으기만 하는 사람 아니면 개념

없이 쓰는 사람만 있다. 둘 다 부자도 아니고 내가 원하는 부의 모습도 아니다. 돈은 벌고, 모으고, 쓰고, 유지하는 능력을 골고루 갖춰야 부를 이룰 수 있다.

그동안 읽었던 수백 권의 책에서는 **몇 가지 기능을 익히면 누구나 운전할 수 있듯이**, **"중요한 기본 원리만 익히면 누구나 부를 이룰 수 있다"**라고 강조하고 있다. 그래? 나도 어디 한번 해보자. 부의 시스템이라는 게 뭔지 한번 만들어 보자.

처음에는 의욕에 차서 남편을 설득해 우리 집의 재무 상태를 점검하고 상의해서 시스템 같은 것을 만들어 보려 했다. 그런데 20년 넘게 이어져 온 남편의 돈 관리 패턴에 내가 낄 자리가 없었다. 괜히 돈 얘기만 나오면 의도와는 다르게 서로 얼굴을 붉히기 일쑤였다. 하브 에커의 《백만장자 시크릿》에 보면 다음과 같은 구절이 나온다.

"남을 변화시키려 애쓸 필요 없다. 그것은 당신이 할 일이 아니다. 당신은 그저 당신의 삶이 더 나아질 수 있도록 배운 지식을 활용하면 된다. 그들에게 보여주어라. 성공하라. 어쩌면 그들이 문제를 깨닫고 따라 하고 싶어할지 모른다."

그래, 나나 잘하자. 나라고 못 할 게 뭐냔 말이다. 꼭 남편하고 같이할 필요도 없다. 투자 방식은 개인의 성향에 따라 다 다르다. 자기가 잘할 수 있는 것을 골라 소신껏 밀고 나가야 한다. 나는 많은 것을 펼치기보다는 하지 말아야 할 것을 가지치기하는 스타일이다. 넓게 두루두루보다는 한두 가지를 깊게 파고드는 걸 좋아한다. 교육, 투자, 인테리어, 인간관계 등에서 모두 그렇다. 미니멀이다.

재테크도 아주 쉬운 것, 당장 실천할 수 있고 꾸준히 평생 할 수 있는 것부터 해가기로 했다. 나는 저축으로 종잣돈을 마련하고, 종잣돈 500만 원을 투자해 3천만 원까지 만든 주식 경험도 있다. 내 주요 투자 수단은 주식이 될 것이다.

내가 자는 동안에도 돈이 일할 수 있는 시스템을 만들어야 한다. 복은 짓는 것, 부는 쌓는 것이다. 자주 샀다 팔았다 하는 게 아니다. 나의 지난 경험과 대가들의 지혜를 두루두루 살펴보며 나만의 부의 시스템을 만들어보기로 했다.

✓ KEY POINT

* 부는 쌓아가는 것이다. 자주 샀다 팔았다 하는 게 아니다.
* 재테크는 자신이 투자한 돈이 돈을 벌게 하는 재무 활동이다. 자신의 성향에 맞는 투자 방법을 정하는 게 첫 번째다.

신용카드를 자르면
벌어지는 일들

신용카드를 잘라라!

가능한가? 가능하다. 사실 불가능할 줄 알았다.

의외로 사람들이 신용카드 자르는 일에 겁먹는다. 돈에 대한 두려움 때문이다. 신용카드는 말 그대로 나의 신용을 담보로 당장 돈이 없어도 외상으로 쓸 수 있는 카드다. 아이들에게 갖고 싶은 거 외상으로 사도 된다고 교육하는 부모는 없다. 그러면서 본인은 카드를 좍좍 잘도 긋는다.

SNS에 뜨는 광고에 순간적으로 혹해서, 카드사의 포인트에 혹해서, 소확행이라는 핑계로 예쁜 쓰레기를 할부로 사들이면서 말이다. 그리고 다음 달 카드값에 등골이 휜다는 소리를 한다. 신용카드를 쓰면 아무리 아껴 써도 다음 달 카드값이 크게 달라지지 않는다는 게 희한하다. 내 몸에 각인된 나의 소비 그릇 때문이다.

내 수중에 있는 돈을 경영하려면 현금만 써야 한다. 그래야 현금흐름이 보인다. 정말 내가 원하는 것, 필요한 것이 뭔지 우선순위가 정해진다. 과감하게 신용카드를 없애고, 직불카드를 사용해 보자.

2022년 1월에 난 비상용 신용카드 한 장만 남기고 나머지 카드를 가위로 잘라버렸다. 수십 년간 당연하게 쓰던 신용카드를 안 쓰고 살 수 있을지, 이게 뭐라고 겁도 났다. 그래도 부를 이루기로 결심했는데 시작도 전에 멈출 수는 없다. 일단 직불카드만 쓰고 정 안 되면 그때 신용카드를 쓰자는 심정으로 잘랐다.

내 지갑에 직불카드 하나만 달랑 남으니 내 돈을 내가 경영하는 마인드가 생겨났다. 내 통장에 있는 돈을 갖고 써야 하는 사람이 된 거다. **돈이 많건 적건, 나는 돈이 있는 사람이고, 그 돈을 경영하는 사람인 거다.**

신용카드는 다르다. 신용카드를 쓰면 돈이 없어도 당장 무언가를 살 수 있다. 늘 없다는 전제하에 쓰는 행위다, 다음 달 월급날을 생각하며. 신용카드를 쓰는 것은 '나는 돈이 없다'라는 게 무의식에 깔린 상태에서 쓰는 소비 행위라는 걸 깨달아야 한다.

나만의 현금 루틴 만들기

1월은 옷을 안 사는 달로 정했다. 겉옷, 속옷, 양말 포함이다. 자발적 소비 통제. 스스로 내 돈을 경영한 첫 번째 실천이었다.

신용카드를 갖고도 이런 결심은 할 수 있다. 막연히 돈을 아껴야겠다는 마음으로 '옷 사지 말아야지' 하면 일단 기분이 별로다. 나는 돈을 아껴야만 하는 사람이고, 궁핍하다는 게 전제 조건이다. 애쓰며 아끼는 돈은 나를 궁상맞고, 우울한 감정으로 몰아간다. 잘 참다가 '살면서 이것도 못 해?' 하며 기분 전환이라는 구실을 대면서 다시 카드를 긁어댈 것이다.

옷을 안 사도 옷장은 입을 것으로 가득했다. 오히려 입는 옷, 안 입는 옷들을 구분하고 정리하는 기회가 왔다. 가진 옷을 이것저것 코디해 입으며 패션 감각을 높이는 계기도 됐다. 1월은 겨울이라 나갈 일도 별로 없다. 안 사며 버틸 수 있는지 자신을 스스로 지켜보는 재미도 있었다.

신기한 건 체크카드를 쓰면서 마음은 훨씬 여유로워졌다는 거다. 생각보다 돈이 쫄리지도 않았다. 쓸데없는 낭비를 하지 않게 되고, 반값 할인, 1+1 등에 혹하는 충동구매도 줄어들었다. 내가 필요하지 않은 물건인데 반값 할인이 무슨 소용이란 말인가? 남과 비교하며 상대적 빈곤감에 빠져드는 일도 없어졌다. 돈이 없으면 안 쓰면 그만이다. 못 쓰는 것과 안 쓰는 건 천지 차이다.

무엇보다 제일 좋은 건 다음 달 카드 청구서가 날아오지 않는 거다. 그 청구서 하나 안 봤다고 이렇게 속이 시원하고 자유를 주는지, 날아갈 것 같았다. 돈 번 기분이었다. 아니, 돈 번 것보다 더 통쾌하고 시원했다. 해냈다는 성취감은 최고였다. 카드사의 속이 빤히 들여다보이는 포인트와 비교할 바일까?

이후 1월은 옷을 사지 않는 나만의 부의 루틴을 계속 실천하고 있다. 신용카드를 안 쓰니 신용이 오히려 줄어들어 100만 원이 넘는 금액을 결제할 때는 가끔 사용한다. 이때도 직불카드를 함께 사용한다. 일부 금액이라도 직불카드로 결제하고 나머지는 신용카드를 쓰는 식이다.

자신만의 현금 루틴을 만들어 보자. 내 지출을 내가 관리하는 거다. 삶의 재미다. 일단 신용카드를 잘라보시라. 실행이 마술이다. 마법이 펼쳐질 것이다.

* 신용카드를 자르고, 한 달이라도 직불카드(현금)만 써보자. 할 만하다.
* 자발적 소비 통제는 돈에 대한 두려움을 없애주는 연습이다.

바빌론 부자들의 돈 버는 지혜, 10% 통장

돈 걱정 없이 풍요롭게 살 수 있는 것, 내가 노동하지 않아도 현금흐름이 끊이지 않게 사는 것은 모든 사람의 꿈일 거다. 이 꿈에 다가가기 위해서 첫 번째로 해야 할 것은 무엇일까? 바로 내게 들어온 돈을 관리하는 것이다.

내 수중의 돈, 천 원을 경영해 본 적 있는가? 아니면 백 원은? 한다면 어떻게 하는가? 돈을 관리한다고 하면 이보다는 큰 액수의 돈을 떠올릴 것이다. 몇천만 원이나 일억쯤은 돼야 관리든 뭐든 하지 과잣값도 안 되는 돈을 뭐 어떻게 경영하란 말이냐.

몇 년 전의 나의 모습이다. 작은 돈을 다룰 줄 모르면 큰돈은 더더욱 다룰 수 없다. 종중(宗中)에서 받은 5천만 원(종중에서 받은 보상금, 120쪽 참고)이라는 거금이 술술 빠져나간 뼈아픈 경험 역시 돈을 관리할 줄 모르는 무지에서 나왔다. 로또 맞았는데 금방 망하는 사람들 대부분은 십중팔구 작은 돈을 다룰 줄 모르는 사람들이다.

봉급을 받을 때마다 10분의 1을 떼어서 어딘가에 감추어 두었네!

내게 들어온 돈의 일부는 평생 내 곁에 머물 수 있게 해야 한다. 여기에 수천 년의 비법이 있다. 바로 모든 수입의 10%를 선이자처럼 따로 떼어놓는 거다. 수입의 10%는 없는 셈 치고, 나머지 90%가 내 진짜 수입이다. 그걸로 쓰고, 저축도 하고, 빚도 갚고, 부자도 되는 거다.

이걸 믿으라고?

꼭 해보지 않은 사람이 의심한다. 이미 많은 사람이 이 방법으로 큰 부를 일구었고, 부의 그루들이 쓴 책에서 으뜸으로 강조하는 말이다. 어쩌면 너무 쉽고 단순해서 믿지 못할 수도 있다. 그러나 모든 진리는 단순한 곳에서 나온다.

10%의 마법은 6천 년 전으로 올라간다. 조지 S. 클레이슨이 쓴 《바빌론 부자들의 돈 버는 지혜》 속에는 6천 년 전 가장 부유했던 고대도시 바빌론 사람들이 일구어낸 돈에 대한 개념과 관리 방법에 대한 지혜가 가득하다. 그들이 종이 대신 사용했던 토판에 기록된 내용은 그림도 시도 아닌, 놀랍게도 장부였다.

당시 노예들의 삶은 요즘 흙수저 축에도 못 낄 만큼 비참했지만, 그 와중에 부를 일구고 그 돈으로 자유인이 되는 방법이 토판에 적혀있다.

"봉급을 받을 때마다 10분의 1을 떼어서 어딘가에 감추어 두었네. 이상하게 들리겠지만, 그만큼의 돈이 없어도 예전보다 돈에 쪼들리지 않았네. 그만큼의 돈이 없어도 그럭저럭 살아갈 수 있다는 것에서 나는 아주 조그만 차이의 중요성을 깨달았네."

어떤 노예는 쥐꼬리만 한 월급의 10분의 1로 언제 돈을 모아 빚 갚고 자유인이 되겠냐고 고개를 저었지만, 바빌론 부자의 조언은 단호했다. 절대 적은 돈이 아니라고. 그렇게 돈이 모이는 동안 빚을 갚을 수 있는 여러 방법이 생겨난다. 돈을 다루는 능력이 커진다는 거다.

이 조언에서 중요한 게 또 있다. "어딘가에 감추어 두었네!"

이다. **따로 떼놓는 10%의 금액이 얼마가 쌓이든 눈에 띄지 않게 최대한 감춰돼야 한다.** 돈이란 게 내 눈에 띄면 신경이 쓰이고, 희한하게 쓸 일이 생긴다.

10% 통장은 나의 황금거위통장

나는 바빌론의 부자들이 하라는 고대로 해보았다. 사실 예전부터 10% 통장 이야기는 자주 들어 알고는 있었다. 마음먹고 실천하지 않았을 뿐이다. 일단 실행해보니 수입에서 10%를 떼놓은 돈이 시간이 지나 쌓이면 얼마나 커지는지 보고 놀랐다.

나는 10% 통장에 '황금거위통장'이라 이름 붙였다. 이솝우화에 나오는 황금알을 낳는 거위의 배를 가르는 어리석음을 범하지 않으려면 황금 거위가 눈앞에 알짱거리지 말아야 한다.

인터넷 뱅킹도 안 되게 하고, 인터넷 계좌에 연동시키지도 않고, 카드도 만들지 않았다. 이자율도 신경 쓰지 않았다. 그냥 10%를 안 보이게 떼어놓는 것에만 신경 썼다. 돈을 찾으려면 통장 들고 은행에 직접 가야만 하도록 아주 불편하게 만들었다.

내가 애써서 번 돈의 일부는 내가 지켜야 한다. 황금거위통장을 깊숙이 숨겨두고 절대 건드리지 않았다.

또 한 가지, 10% 통장은 적금 통장이 아니라는 것. 적금을 들고 싶으면 10%를 뗀 나머지 금액으로 들어야 한다. 프리랜서인 나는 더 관리가 필요하다. 수입이 생기면 무조건 10%를 황금거위통장으로 이체했다. 백 원이 생기면 십 원, 만 원이 생기면 천 원을 이체했다. 적금을 백만 원 탔다면 거기서도 십만 원을 떼어둔다. 천만 원을 벌면 당연히 백만 원을 선이자처럼 뗀다.

10% 떼기를 실천하면서 수입의 90%로 사는 것이 100%로 사는 것과 큰 차이가 없음을 알게 되었다. 돈을 쓰는 일에 도리어 여유가 생겼다. 나머지 90%를 다 써버려도 부는 쌓여간다. 숨겨놓은 10%의 보물이 있으니까.

10% 떼기가 어려운 순간도 있다. 수입 금액이 커질 때다. 백만 원일 때 십만 원 떼는 것은 할 만하다. 그런데 일억일 때 10%인 천만 원을 떼어 아무것도 못 하게 꼭꼭 숨겨놓는 건 어쩐지 좀 망설여진다. 나도 이런 순간이 있었다. 그럴 때는 5%라도 떼어놓는다. 황금 거위의 배를 가르지 않기 위해 터득한 나름의 융통성이다.

돈은 관리하지 않으면 날개를 단다

"3년쯤 지나 황금거위통장의 40%를 꺼내 투자하라"는 그 랜트 카돈의 말에 따라 통장을 열어보았다. 10%의 위력에 깜짝 놀랐다. 언제 이렇게 큰돈이 모였느냐 말이다. 여기서 40%를 꺼내어 미국 주식 VTI ETF(미국에 상장된 모든 기업에 투자하는 ETF)를 사 모았다. 주가는 꾸준히 올랐고, 1년에 네 번 배당도 착착 쌓여 재투자했다. 나의 황금거위통장이 황금알을 낳고 있었다. 나의 자산은 점점 늘어났다.

부는 수입이 아니라 저축을 통해서 이루어진다. 내 통제하에 돈을 붙잡아 둘 때만 부는 생기고 쌓인다.

그렇다고 너무 큰 금액을 저축액으로 설정하지 않기를 권한다. 세상에 사는 동안 즐겁게도 살아야 한다. 90%를 마음껏 써 봐라. 써보는 것도 돈을 경영하는 중요한 경험이다. 고대 바빌론의 현자들도 "빚을 갚을 때조차 자신을 궁핍하게 만들지 말라"고 강조했다. 저축에 옭매이면 삶의 의지가 꺾여 빚 갚기도 힘들어진다.

현금을 내 곁에 두는 건 나의 에어쿠션이다. 돈을 많이 번다고 만사가 해결되지 않는다. 내가 버는 돈을 통제하지 못하면 지금보다 열 배를 벌어도 그 돈은 수시로 나를 떠날 일을 만들

것이다.

SNS에 수없이 올라오는 월 천만 원 소득을 부러워하지 마라. 돈 관리 방법을 아는 내가 위너다. 내 돈의 10%, 아니 5%라도 황금거위통장에 묶어 놓지 않으면 말짱 도루묵이다. **돈은 관리하면 붙어있고, 관리하지 않으면 날개를 달고 날아가 버린다.**

* 작은 돈을 관리할 줄 알아야 큰돈도 관리할 수 있다. 100원이라도 관리하자.

* 수입의 10%를 무조건 떼어 감추어두고, 나머지 90%로 살아라. 10% 통장은 황금거위통장이다.

* 3년 후에 황금거위통장을 열어 그중 40%를 투자한다.

놀이통장으로
부의 그릇 키우는 법

놀이통장, 쓰는 능력을 높이기 위한 통장

놀이통장은 돈을 다루는 네 가지 능력, 즉 벌고, 모으고, 쓰고, 유지하기 중에 쓰는 능력을 높이기 위한 통장이다.

《백만장자 시크릿》의 저자 하브 에커는 돈을 모으려면 지출을 통제해야 한다고 강조하며, 통장 쪼개기를 제시한다. 그는 "돈이 들어오면 다섯 개의 통장으로 나누어 관리하라"고 조언한다. 실제로 해보니 나에게 다섯 개의 통장은 좀 버거웠다. 너무 쪼개니 쓸 돈도 줄어들고 귀찮기도 했다.

나는 하브 에커가 제시한 통장 중에서 눈에 띄었던 '놀이통장'을 실천하기로 했다. 전체 수입의 10%를 나를 위한 '놀이통장'을 따로 만들라는 거다.

평생 처음으로 '놀이통장'이라는 걸 만들고 카드 앞에다 '놀이통장'이라고 썼다. 물론 직불카드다. 나를 위한 통장을 어떻게 쓸지 내 스스로도 궁금했다.

놀이통장을 만드는 이유는 "마음의 균형과 조화를 위해서"라고 하브 에커는 말한다. 인간은 원래 하나에만 만족할 수 없디. 저축만 계속하면 논리적 자아는 흡족하지만, 다른 쪽은 아끼기만 하는 것에 반항심이 생긴다. 이는 한풀이 소비로 이어지기 십상이다. 심하게 식단을 제한하면 언젠가 폭식하는 요요 현상이 오는 것과 비슷하다. 놀이통장의 조건은 다달이 한 푼도 남기지 말고 나를 위해서만 '다 써라'다.

이렇게 나는 통장을 황금거위통장 10%, 놀이통장 10%, 그리고 생활비 통장, 이렇게 세 개로 나누었다. 토스 뱅크가 직관적으로 메뉴를 쉽게 사용할 수 있고, 수수료도 절약되는 부분이 많아 주로 이용한다.

하부 에커는 꾸준히 저축하는 나 자신의 노력에 보상을 주는 일이니, "고급 레스토랑에 가서 커피라도 마셔라", "마사지를 받거나 네일아트를 받으며 호사를 누리라"라고 한다. 그는 "나를 위해 돈을 쓰는 일은 앞으로 들어오는 돈을 잘 받는 연습을 하는 기회도 되고, 돈 관리도 즐거워진다"라고 강조한다.

나를 위한 통장을 만들어 나를 위해서만 써보니 왜 그리 어색한지, 뭘 해야 할지 몰랐다. 어이없게 제일 먼저 한 일이 유기농 딸기 한 팩 사서 혼자 다 먹은 일이다. 딸기를 그리 좋아한 것도 아닌데, 일단 안 해본 일을 한 것 같다. 어쩌면 마음 한구석에 이런 게 맺혀 있었는지도 모른다. 평소에 내가 먹는 과일은 식구들을 위해 씻다 한두 개 집어 먹는 정도였다. 좋은 음식을 사니 혼자 먹어도 예쁜 그릇에 담아 먹게 됐다.

막상 해보니 할당한 10%의 돈을 나만 위해 쓴다는 게 생각보다 어려웠다. 아껴 쓰는 게 아니라 '잘' 쓰고 싶었다. 오직 '나'를 위해 꽃 백 송이도 사봤다.

'놀이통장'이 아니면 절대 상상도 못 할 일이다. 읽지도 않으면서 근사한 표지의 영어 원서도 사고, 카페에 가서 가격표 흘끔거리지 않고 전혀 모르는 메뉴를 고르는 일도 해봤다. 뭔가 탐험하는 것 같았다.

놀이통장의 마법

한 달에 한 번 나를 위해 무엇을 사고, 무엇을 먹을까 하는 궁리는 나를 대접하는 또 다른 방법이었다. 이렇게 쓴다고 돈이 줄어들거나 궁해지지 않는 게 놀이통장의 요술이다.

놀이통장은 내가 돈을 대하는 자세를 바꿔줬다. 나는 '당당히 돈을 받을 자격이 있고, 돈 쓸 자격이 있는 사람'이라는 마인드가 생겼다.

내가 꽃을 사면 꽃집 사장님, 꽃을 재배한 농가, 꽃을 싸는 포장지를 만드는 사람들 모두에게 도움을 주는 일이다. 내 돈의 출구를 기쁘게 마련하는 일은 내부의 그릇을 크게 하는 일이었다. 돈을 쓸 때마다 감사하다는 마음이 생겼다.

동동거리며 아끼고 아껴 써도 맨날 부족했던 돈이, 그동안 엄두도 못 냈던 일에 돈을 써도 바닥나지 않는 게 마법 같았다. 돈을 쓸 때 무의식적으로 따라오는 죄책감, 돈이 없어지면 어떡하냐는 두려움에서 벗어날 수 있었다.

'내가 쓴 돈은 반드시 돌고 돌아 돌아온다'라는 믿음도 생겼다. 돈이 있다는 것은 원하는 것을 선택할 수 있는 자유가 있다는 걸 깨닫게 해준다. 책에 괜한 말 쓰지 않는다. 중요한 건 하나라도 실천하며 깨닫는 일이다.

친정엄마의 용돈도 체크카드를 만들어 넣어드렸다. 카드 앞면에 '할머니 놀이통장'이라고 썼다. 팔십이 넘은 엄마는 평생 카드를 처음 접했다. 결제할 때 사인하는 방법도 가르쳐 주고, 평소에 사고 싶었던 거 하나씩 사보라고 했다. 친구들 만날 때 커피도 사라고 했다. 매달 마지막 날에 일정한 용돈이 채워지니 한 달 안에 다 써야 한다고 강조했다.

큰돈도 아닌데 어떤 달은 반도 못 쓰고 남아 있는 달이 있었다. 물건이 싼 데에서 카드를 안 받아 현금 내고 사 오는 경우도 종종 있었다. 어차피 이 카드에 있는 돈 아껴봤자 엄마 돈이 쌓이는 게 아니니 카드 받는 곳에서 그냥 사라고 말씀드렸다.

조금씩 익숙해져서일까? 이제는 비싼 영양제도 사고, 화장품도 사고, 머리 파마도 예쁘게 한다. 놀이통장에 익숙해지면서 엄마도 너무 비싸서 안 샀어, 이런 말들이 사라졌다.

엄마 평생 처음으로 하는 두려움 없는 소비일 것이다. 용돈을 현금으로 드려봤자 안 쓰고 모으기만 하는 엄마에게 '놀이통장'을 만들어 드린 건 잘한 일이다. 증거도 남고 말이다. 엄마도 자신을 대접하는 일을 경험하고 있다.

* 놀이통장은 나를 대접하며 쓰는 능력을 높이는 통장이다.

* 놀이통장은 부의 그릇을 크게 하는 통장이다.

* 놀이통장은 돈이 선택의 자유를 준다는 것을 깨닫게 한다.

돈의 본질을 알려주는 동화작가의 추천 도서 5선

1. 《돈의 속성》, 김승호

돈, 돈 하지만 돈에 대해 얼마나 알고 있나? 페이지를 넘길 때마다 마주하는 다양한 돈의 속성을 읽으면서 죄 없는 돈에 대한 나의 무지에 낯이 뜨거워진다. '돈은 인격체다', '규칙적인 수입의 힘', '돈의 각기 다른 성품', '돈의 중력성', '남의 돈에 대한 태도' 등의 다섯 가지 돈의 속성을 통해 부자 되는 법을 배워보자.

2. 《바빌론 부자들의 돈 버는 지혜》, 조지 S. 클래이슨

6천 년 전 부유했던 고대도시 바빌론에서 부를 쌓은 사례를 우화 형식으로 엮어 놓아 재밌게 술술 읽힌다. '부를 이룬다는 것은 합리적인 삶을 사는 것'이라는 메시지가 현재와 다를 바 없다. 팔려 다니며 부역하는 노예들의 삶은 요즘 흙수저 축에도 못 낄 만큼 비참하지만, 그 와중에 부를 일구고 자유를 얻는 과정에서 부의 공식을 발견할 수 있다. 이 책을 읽고 나면 돈의 흐름을 지배하는 간단한 10%의 법칙을 실행하게 될 것이다.

3.《돈》, 보도 섀퍼

이 책은 "생각부터 바꾸는 것이 돈 벌기의 첫걸음"이라 말한다. 우리는 '돈은 좋은 것'이라는 믿음이 없어서 스스로 성공을 방해한다. 돈은 자신감을 갖게 하고, 인정받게 하며, 인생에서 여러 가능성을 누릴 수 있게 한다. 솔직히 인정하자. 목표를 정하고 110% 쏟아라. '왜'는 변명을 찾고, '어떻게'는 해결책을 찾는다. 쉽고, 직설적이고, 철학적이고, 재밌다.

4.《돈의 심리학》, 모건 하우절

기자 출신인 저자는 부자와 파산자의 인터뷰를 통해, 부는 이자율, 차트, 기술적 지표가 아닌 '심리'와 직결돼 있다는 걸 깨닫는다. "인생의 안전 마진은 저축", "돈을 관리할 때 내가 밤에 잘 자는 데 도움이 되는가를 이정표로 삼기", "내 시간을 내 뜻대로 쓸 수 있다는 게 돈이 주는 가장 큰 배당금" 등의 주옥같은 책 속의 말들은 제목에서처럼 인간의 심리와 연결돼 있다.

5.《부자 아빠 가난한 아빠》, 로버트 기요사키

이 책은 부자가 되는 데 학교 공부, 일류대가 중요한 게 아니라고 항변하며, 기존의 '부자 되기' 고정관념에 일침을 놓는다. 부자 되기에 '경험'과 '돈 공부'가 필수라고 강조한다. 1997년 출간 당시 선풍적 인기를 끌며 현재까지 부자 되기를 꿈꾸는 이들의 입문서이자 고전이 된 책이다.

PART 4

어느 동화작가의
소란한 투자 일기

주식 시장에서 좋은 때와 나쁜 때가
번갈아 찾아온다.

-보도 섀퍼

소박한 성공에 취하다

아이 셋을 키우는 17년 차 전업주부였고, 가정 경제권은 주로 남편이 행사하고 있었다. 돈 버는 것은 물론 돈 관리에도 거리를 두고 살았다.

그러나 다행히도 대학원에서 경제를 공부했기에 '자본주의 사회에 살면서 부를 쌓으려면 자본에 투자해야 한다'라는 것은 어렴풋이 남아 있었다.

게다가 나는 호가 종이에 가격을 써서 주식을 주문하던 1990년대 아날로그의 짬도 있는 주식 경험자 아닌가? 물론 이익보다는 홀랑 날려 먹은 경험 쪽이지만, 그건 수업료라 생각한다. 실패가 없으면 성공도 없다. 경험은 나의 행동과 사고를 더 깊게 하는 바탕이 된다. 유럽 투자의 거장, 앙드레 코스톨라니는 "실패에 대한 진지한 분석만이 성공적인 투자자가 되는 유일한 방법"이라고 했다.

　천성이 무심하고 멀티가 안되는 스타일이라 육아에 전념할 때는 그 외의 신경이 분산되는 건 거의 하지 않았다.

　요즘처럼 미국 주식투자를 자유자재로 할 수 있는 시대도 아니었고, 소수점 투자니, 자동 매수니, 적립식 매수 같은 것도 하기 어려운 시대였다. 그런 개념도 없었다. 주식을 사고파는 일 자체가 번거로웠다.

　육아 사이트에 연재한 세 아이의 육아일기를 보고 출판사에서 출간하자는 제의가 들어왔을 때도 눈물을 머금고 거절했다. 물론 출판사의 제안을 덥석 받아들이기는 했다. 하지만 아이들 덕분에 생긴 좋은 일인데, 원고 붙잡고 있느라 며칠째 아이들에게 김과 계란만 주고, 엄마 눈치를 보며 내 주변을 맴도는 아이들을 보니 둘 다 잘할 자신이 없었다. 그래서 깔끔하게 멈췄다. 그때의 뻥 뚫린 허전한 마음이 오십이 넘어 작가로 이끌었는지도 모르겠다. 아이들은 내 마음을 알아주는 듯 잘 자라주었다.

'한 명의 학비는 내가 책임지자'라는 장한 마음

아이 셋이 제각각 원하는 학교, 가려는 학교가 다 달랐다. 자기 주도 성향이 강한 아이들은 본인들이 가고 싶은 학교를 선택했고, 도전하고, 합격했다. 특목고, 자사고, 국제중을 한꺼번에 다닐 때 세 명의 학비는 허거덕이었다.

내가 주식을 잊고 살다가도 문득 계좌를 열어본 때를 되돌아보면 그때는 돈이 절실히 필요한 때였다. 그때가 바로 지금이라는 생각이 들었다. 주식투자를 다시 시작하기로 했다.

내 종잣돈을, 아이들을 위해 투자하게 되는구나, 자못 비장했다. 주식투자에서 욕심과 조급함은 금지다. '세 아이 중 한 명의 학비만 책임지자', 이렇게만 마음먹었다.

그동안 내가 제일 성공한 투자는 친정엄마의 쌈짓돈으로 1등 주식을 사고 6년 동안 묻어놓은 투자였다. 신경도 안 쓰고 수익률 100%를 훌쩍 넘긴 그 경험은 우량주 장기투자에 대한 신념을 심어 놓았다.

그런데 학비는 3개월에 한 번씩 나오니 마냥 묻어두는 장기투자는 할 수 없었다. 나는 주식 매도를 잘 못 한다. 매수보다 매도를 더 어려워한다. 다행인지 불행인지 이번 투자는 학비를 내야 하는 기간을 맞춰야 하니 매도 결정은 문제가 안 되었다.

2015년 당시 나의 종잣돈은 천만 원. 잃지 않는 투자를 해야 했다.

아이들이 학교에 간 오전 시간에 경제 신문과 잡지를 읽으며 감을 끌어 올렸다. 존 템플턴, 벤자민 그레이엄, 피터 린치 등 주식투자 거장들의 책을 읽으며 소신을 다졌다.

소박한 성공에서 얻은 작지 않은 깨달음

2015~16년경에 투자해서 유독 수익이 많이 나 지금도 기억나는 종목이 있다. 체성분 분석기를 만들던 '인바디'라는 회사의 주식이다. 지금은 너무나 익숙하지만, 당시는 체성분 분석기가 흔치 않을 때였고 수출도 많이 하고 있어서 전망이 좋은 기대주였다. 이 주식에 투자하며 '기술력이 뛰어나 미래에 성장할 수 있는 종목을 발굴해서 투자할 때 수익이 가장 많이 나는구나'를 깨달았다.

이 종목으로 1년 치 학비를 마련했고, 나의 커피값까지 두둑해졌다. 내 커피 인심이 가장 후할 때였다. 그때의 든든함이란. 학비를 제외한 수익금으로는 나의 로망이었던 삼성전자(우) 주식을 한 주, 두 주씩 사 모았다. 당시는 액면분할 전이어서 한 주에 100만 원이 넘었다. 증권 통장을 따로 만들어 다른 주식과 섞이지 않게 했다.

이렇게 야무지게 해나가는데도 그 누구도 나의 주식투자를 반기지 않았다. 칭찬은커녕 "주식으로 돈 번 사람 못 봤다", "주식은 도박이나 마찬가지"라며 말리기 일쑤였다. 주식을 해보지도 않은 사람들이 꼭 그런 소리를 한다. 신기한 게 그런 사람들의 경제적 상태는 부와 거리가 멀었다.

아이들 학교 CMS(Cash Management Service) 통장이랑 연결해 학비가 빠져나가는 걸 증거로 남겼는데도 남편조차 반응이 별로였다. 그때 받은 서러움 때문일까? 애들 졸업한 지 10년도 지난 지금도 그 CMS 통장을 기념품처럼 가지고 있다. 누가 뭐라든 종잣돈 천만 원 가지고 3년 동안 알뜰하게 투자해 수익금을 내 자식에게 투자한 젊은 날의 기록이다.

내가 제일 신중하고 소신 있게 투자했던 때였다. 목적이 학비였기에 딱 그만큼만 수익이 나면 더 이상 욕심부리지 않았다.

종잣돈을 헐어 학비를 댔다면 난 빈털터리가 됐을 거다. 지금 생각하면 결혼하기 전부터 악착같이 모은 종잣돈이기에 소중하기도 했고, 나의 시간과 노력이 들어간 돈이기에 쉽게 사라지지 않는 힘도 있었던 것 같다. 종잣돈도 어느새 이천만 원으로 늘어나 있었다.

아이들이 학교를 졸업한 후에는 또 주식투자를 잊고 살았다. 원씽(one thing) 주의자인 나는 아마 다른 거에 몰입해 있었을 거다. 소중한 나만의 시간을 매번 데스크톱을 여닫고, 한번 들여다보면 시간이 훅 가버리는 데 쓰는 게 싫었다.

✓ KEY POINT

* 잃지 않는 투자를 해야 한다.
* 시간, 노력이 들어간 종잣돈은 부를 지키는 힘이 있다.

돈에 홀리다,
그리고 수직 추락

나는야 마이다스의 손

2020년은 개인적으로 드라마틱한 일이 많이 일어난 해다. 50년 동안 살며 경험하지 못한 일들이 줄줄이 이어졌다. '인생 최초'라는 타이틀이 붙는 일이 많이 생긴, 내 인생의 터닝포인트가 된 해라고 할 수 있겠다.

처음으로 쓴 자기계발서가 베스트셀러가 되었고, 이를 언론이 주목하며 신문, 잡지사에서 인터뷰했다. 무력감으로 시달린 갱년기 증상을 운동으로 극복하고자 최고령자 딱지를 붙이고 피트니스 대회까지 도전했다. 인생 최초로 TV 출연도 하고, 강연으로 꽤 많은 돈도 벌었다. 굴지의 회사에서 건강식품 CF 제의도 받았다.

또 암호화폐에 관한 책 한 권 안 읽고 투자를 시작했지만, 우연히 산 도지코인 10만 원어치가 며칠 만에 100만 원이 우습게 넘는 것도 경험했다. 이 맛에 홀려 종잣돈에서 전세금, 인세, 강연료까지 도지코인을 비롯한 알트코인에 몰빵 투자했다. 투자한 족족 2억, 4억, 8억 배수의 단위로 수익률이 치솟아 인생 최초로 내 계좌에서 1,000,000,000(십억)이라는 숫자를 봤다.

로또 맞은 것처럼 대박 사건도 일어났다. 전혀 생각지 못한 곳에서 거금 5천만 원이 들어왔다. 어느 날 종중(宗中)에서 우편물 한 통이 날아왔다. 족보에 올라 있는 이씨 성의 성인 남녀 모두에게 종중 땅 판 것에 대한 보상금 5천만 원을 지급하니 받으러 오라는 거다. 처음에는 5백만 원인 줄 알았다. 다시 세어보니 5천만 원이었다. 눈을 의심해서 다시 세어보았지만 5천만 원이 분명했다. 이쯤 되면 정말 하늘에서 뚝 떨어진 돈 아닌가?
돈을 받기 위해 필요한 서류를 챙겨 종중 사무실에 가니, 한 번 보기 어려운 일가친척들이 구름떼같이 모여 있었다. 얼굴에는 환한 미소를 띠며 서로의 안부를 챙기고 있었다. 그렇게 화기애애한 현장이 없었다. 돈은 좋은 것이다.

돌아가신 친정아빠와 친척분들이 모이기만 하면 빠지지 않는 대화 주제가 있었다. 우리는 00 대원군 후손이라는 자부심 섞인 이야기였다. 시제도 지내고 제사 챙기는 일에 똘똘 뭉치는 걸 보고 '요즘 시대에 뭘 저렇게까지'라는 약간의 거부감마저 있었는데, 아이고, 조상님 죄송합니다. 그리고 정말 감사합니다.

마이다스의 손처럼 내가 손대는 것마다 돈이 되어 들어온 시기였다. 마침 남편 생일이어서 갖고 싶다는 75인치 TV를 선물하고, 아이들에게 거금의 용돈도 쐈다. 지금 같으면 10%를 먼저 황금거위통장에 넣고 시작했을 텐데, 그때는 돈 관리하는 법을 전혀 몰랐다.

"자랑하고 싶을 때는 팔 때"라는 띵언

이렇게 거금이 생기고 나니 왠지 모르게 마음이 달떴다. 때마침 비트코인 반감기[3]로 암호화폐 시장은 뜨거워지고 있었다.

---

3   비트코인 반감기(Bitcoin Halving)란 비트코인 네트워크에서 일정한 주기로

투자하라고 생긴 돈 같았다.

워런 버핏이 **"투자자에게 해줄 말은 오로지 '발을 들여놓기 전에 자신이 감당할 수 있는지 확인하라'라는 말뿐이다"**라고 신신당부한 글을 그렇게 읽었는데도 말이다.

그동안 필요할 때마다 했던 간헐적 주식투자에서, 나름 성공적인 투자를 할 수 있었던 것은 감당할 만큼만 했기 때문이라는 걸 나중에야 깨달았다. 주식이든 암호화폐든 투자라는 관점은 맥을 같이 하는데, 목돈이 생기니 이상하게 마음이 급해졌다.

내가 가지고 있던 종잣돈과 인세, 강연료, 종중에서 받은 돈 등을 모두 끌어모아, 30%는 미국 주식 VOO ETF와 페이스북(지금의 메타)을 샀다. 나머지 70%는 코인에 투자했다.

70%가 다 비트코인이었다면 얼마나 좋았을까? 비트코인은 알트코인과는 다르다. 비트코인은 공급량이 2,100만 개로 고정된 상품이다. 비트코인의 역사를 살펴보면, 폭락한다 해도 4년 주기 반감기 사이클에 결국 전고점(앞선 가격의 고점)을 갱신한다.

채굴(mining) 보상이 절반으로 줄어드는 현상을 말한다. 보통 4년마다 한 번씩 발생한다. 비트코인 반감기는 공급 측면에서 중요한 이벤트다. 시장에 공급되는 비트코인의 양이 감소하니 비트코인을 더욱 희소한 자산으로 만들어주며, 수요가 지속할 경우 가격 상승으로 이어질 가능성이 높아진다. 첫 번째 반감기는 2012년에 발생했으며, 4년 주기로 비트코인 가격은 급등했다.

공부도 안 하고, 책도 안 읽고, 미국 암호화폐 유튜버들만 참고한 것도 화근이었다. 그들이 추천하는 종목이 그렇게 잘 맞을 수가 없었다. 폴카닷, 샌드박스, 에이다 등 추천하는 코인을 사면 뻥튀기 기계에 넣은 것처럼 다음 날 몇십 배로 뛰어 있었다.

샌드박스는 2020년 당시 코인 시장의 흐름을 주도하는 알트코인으로 내가 사고 나서 한 달 좀 넘어 800%까지 뛰었다. 의기양양하게 SNS에 인증사진까지 올리며 수익률 1,000% 넘으면 커피 사겠다고 자랑해 댔다. 그러나 상황은 반대로 흘러갔다. 자랑하자마자 폭격 맞은 듯 쭉쭉 내려갔다.

여담이지만 이렇게 자랑하고 싶어 인증할 때는 팔 때다. 매도가 어려우면 이 방법을 권하고 싶다. 수익률을 보고 가슴이 웅장해지고, 과시하고 싶어 입이 근질근질해지면, 그때가 팔 때다. 자랑하고 팔아라. 3억 원의 투자금이 10억대로 치솟은 수익률로 나의 자랑이었던 알트코인들은 날개 잃은 새처럼 끝 간 데 없이 추락했다.

√ KEY POINT

* 투자는 자신이 감당할 만큼만 해야 한다.
* 투자에서 자랑은 금물이다.

장면③

나 10억 굴리는 여자야

왜 그때 매도 버튼을 누르지 못했을까

세 아이가 직장과 학교 근처로 독립하면서 다섯 식구가 복닥거렸던 집에 우리 부부만 남게 되었다. 재테크를 한다고 집을 전세로 주고 수도권에 전세를 얻어 이사했다.

전세금이 손에 들어왔다. 이것저것 제하고 남편과 반씩 나누니 2억이라는 거대자금이 내 손에 들어왔다. 일이천만 원 정도를, 돈이 정말 필요할 때만 간헐적으로 투자했던 내가 앞뒤 생각도 없이 억대 투자에 뛰어들었다.

보도 섀퍼는 자산을 늘리려면 주식투자는 꼭 해야 하지만 몇

124

가지 주의점을 강조한 바 있다.

첫째, 빚내서 투자하지 않는다.

둘째, 전체 포트폴리오에서 주식 비중을 50% 이하로 낮추고, 나머지

   자금은 예금 계좌에 넣는다.

난 거꾸로 하고 있었다. 돌려줘야 할 전세금(빚)으로 투자했고, 전체 포트폴리오에서 코인 비중이 70%를 넘었다. 남은 여유자금은 없다. 몰빵이다. 누가 봐도 위험하고 무모하지 않나? 암호화폐 투자에 관한 공부는 전혀 안 하고 유튜브나 보고 휩쓸리면서 말이다.

주식 시장과는 달리 24시간 연중무휴로 달리는 암호화폐 거래소는 불야성이었다. 변동성이 워낙 커 몇 분 만에 가격이 급등락을 친다. 새벽에 깨서 수익률 보고, 나중에는 자다 깨다를 반복하며 수시로 들여다보았다. 매도를 잘 못 하는 나는 치솟는 수익률을 보고 감탄만 하고 있었다.

1,800만 원대에 샀던 비트코인은 8천만 원이 넘어갔다. 전세금을 포함한 총 3억의 투자금은 어느새 10억이 넘어있었다. 그만하면 충분한데 왜 매도 버튼을 누르지 못했던가? 다른 건 몰라도 2억 전세금만큼은 따로 떼어놨어야 하지 않나? 그래도 8

억이 내 순자산으로 남는데 말이다.

팔기는커녕 오를수록 있는 돈 없는 돈 끌어모아 만 원어치라도 더 샀다. 조급함과 거만함이 내 몸과 마음을 감싸고 있었다.

수익이 난 돈이 내 손에 들어온 것도 아닌데 올라가는 숫자만 보고 씀씀이는 커졌다. 몇 달을 그렇게 쉬운 돈 벌기에 취해 갈지지 생활을 이어 나가다 폭격을 맞았다. 거짓말처럼 폭락이 이어졌다. 무서우면 얼른 팔 것이지, 가격이 요동치다가 순간순간 오르기도 하니 자꾸 멈칫하게 되었다.

수익률 100%를 찍은 경험을 하면, 50%만 돼도 충분한 수익임에도 불구하고 손해 본 느낌 때문에 못 판다. 인간의 심리는 이렇게 어리석다. 기다리면 다시 그 가격대로 올라갈 것 같은 착각에 빠진다. 일본 음악 감독 히사이시 조의 말이 떠오른다.

"인간은 살아가는 과정에서 아수라장을 경험하고, 그것으로부터 빠져나옴으로써 한 단계 성장한다."

높은 수준의 아수라장을 경험하면 그만큼 빨리 성장할 수 있다. 빨리 빠져나와야 한다.

꼭대기 10억에서 5천 골짜기로

로켓처럼 치솟던 코인들은 끝없이 추락했다. 주식투자 경험은 코인 투자에 별로 도움이 되지 않았다. 코인은 실적이 아닌 사이클을 이해해야 했다.

하루 사이에 반 토막이 난 코인을 저점이라 생각하고 또 샀다. 그러면 또 떨어졌다. 바닥이라 생각하면 지하까지 기어이 파고들었다. 3억, 2억, 9천…. 내 투자금은 바람 빠진 풍선처럼 힘없이 쭈글해졌다.

이런 경험이 처음이라 너무 당황스러웠다. 주식은 실적을 알 수 있고, 망할 기업만 아니라면 저점 매수라는 것도 있고, 일시적 반등이라는 것도 있는데, 잡코인들은 눈 깜작할 사이에 나락으로 떨어졌다.

내 계좌에서 눈부신 수익률을 자랑하던 샌드박스 알트코인을 600원에 매수했었다. 순식간에 만 원을 넘어가니 수익금 앞자리 수가 매일 바뀌었다. 그런 코인이 3천 원대로 떨어지니 오히려 싸다고 생활비까지 탈탈 털어서 또 샀다. 200원대로 떨어졌다.

엎친 데 덮친 격으로 코로나가 터지며 주식이든, 코인이든 모든 투자 시장이 급락했다. S&P500(미국의 500대 대기업을 모아서 시가총액 기준을 산출한 미국 주식 시장의 대표적인 종합지수)의 하루 하락 폭이 70년 만에 최대 저점을 찍었다는 뉴스는 공포 그 자체였다.

물가는 오르고 주식은 바닥을 찍고 사람들은 현금을 확보하기 위해 시장에 주식을 내던졌다. "절박하게 팔면 항상 싸게 팔게 된다"라는 피터 린치의 말이 딱 내 꼴이었다.

내 깐에 분산 투자한다고 사놨던 페이스북은 고점 대비 마이너스 60%, 수직으로 하강했다. 미국의 시총 높은 10대 기업 주식 중 제일 많이 떨어졌다. 코인이나 주식이나 하락률이 별반 차이가 없었다. 페이스북은 사명까지 메타로 바꿨지만 그럴수록 시장의 반응은 냉담했다.

내 종잣돈에 인세와 강연비를 합한 5천, 종중에서 받은 5천, 전세금 2억을 동원한 총투자 원금 3억이 10억까지 갔다 5천만 원으로 사그라들었다.

절망이란 단어는 이럴 때 쓰는 거구나. 마냥 오를 것 같은 상황에 취해 있었다. 술에 취한 것만 나쁜 게 아니다. 돈에도 취하면 안 된다.

남편은 상황이 어떨까? 서로 대화가 없어졌다. 우리 집에서 투자, 코인, 주식은 암묵적인 금기어가 됐다.

나쁜 일은 한꺼번에 찾아온다던가? 러시아-우크라이나 전쟁까지 터졌다. 8천만 원이 넘었던 비트코인은 2천5백만 원으로 떨어졌다.

결혼 생활하면서 처음으로 우겨 큰돈을 똑같이 나눠 갖고 투자를 시작했는데, 1년도 안 되어 3억이라는 돈이 공중분해 됐다. 남편에게 선물한 75인치 TV만이 덩그러니 거실 한쪽을 차지하고 있었다. 그거라도 남아 있어서 다행이라고 해야 하나.

돈은 그만한 그릇을 가진 사람에게 모여든다

한 가지 의문이 들었다. 종잣돈 오백만 원을 갖고 천만 원으로 늘리면서 한 명의 학비도 책임지고, 내 용돈도 넉넉히 쓰고, 나중에는 종잣돈을 이천만 원으로 늘리기까지 했다. 그런데 왜 3억이라는 큰돈을 갖고는 이익은커녕 이런 처참한 결과를 낳았을까?

직관적으로도 알 수 있는 몇 가지 이유는 있다.

당장 없어져도 생활에 지장 없는 여유자금으로 해야 했는데 첫째, 전세금으로 했다. 둘째, 공부 없이 코인 투자에 뛰어들었다. 셋째, 욕심에 매도 버튼을 제때 누르지 못했다.

그런데 이걸로는 근본적인 의문이 해결되지 않았다. 이런 주의 사항만 잘 지키고, 내 종잣돈으로만 했다면 투자에 성공했을까? 다음에 제법 큰 금액을 굴릴 기회가 다시 온다면 이런 실패 없이 진짜 잘할 수 있을까? 나는 투자를 왜 하려 한 거지?

목적도 소신도 없이 돈을 불린다는 생각만으로 투자한 게 잘못이다.

수익이 나면 뭐 하나, 투자하는 동안 팔지도 못해서 쓰는 즐거움도 누리지 못했다. 그저 오르락내리락하는 코인 가격의 빨간 화살표만 보며 가슴만 두방망이질 쳐댔을 뿐이다. 다른 일에 집중하지도 못했다.

《부자의 그릇》을 읽다가 내 궁금증에 대답해 주는 말을 찾고 미친 듯이 형광펜을 그었다.

"돈은 그만한 그릇을 가진 사람에게 모여든다네. 10억 원의 그릇을 가진 사람에게는 10억 원이, 1억 원의 그릇을 가진 사람에게는 1억 원이 모이게 돼. 인간은 자신과 어울리지 않는 돈을 가지고 있으면 반드시 잘못을 저지르게 된다는 거지."

저자는 "미국의 유명 스포츠 스타들이 은퇴 후에 평생 써도 남아돌 돈을 어떻게 써야 할지 몰라 열에 여섯은 파산한다"는 예를 들었다. 이는 돈을 다루는 능력이 없어서다. 운동만 했지 언제 돈을 다뤄봤겠는가? 처음에는 작게, 그리고 점점 크게 다루는 경험을 통해서만 돈 그릇을 키울 수 있다. 저자는 책에서 "자신과 어울리지 않는 돈을 가지고 있으면 반드시 잘못을 저지르게 된다"라고 내내 강조한다.

나는 10억대의 돈을 다루는 능력이 없었던 거다. 딱 이천만 원 정도까지가 나의 한계였던 거다. 그것도 오백만 원부터 차근차근 다루었기에 한 명의 학비와 종잣돈을 불릴 수 있었다는 걸 깨달았다. 내 '부의 그릇'은 작았고, 넘치는 돈은 밖으로 다 튕겨 나갔다. 쉽게 번 돈은 쉽게 나간다.

다행히 돈 다루는 능력은 다뤄볼수록 향상된다. "1억 원의 그릇으로 신중하게 돈을 다룬다면 10억 원도 분명히 잘 사용할 수 있다", 평정심을 갖고 "될 때까지 베트를 휘둘러라"라고 저지 이즈미 마사토는 조언한다. "실패해도 절대 실망하지 마라"는 문장에서는 얼마나 위안이 되던지, 눈물이 다 흘렀다.

보통 돈이 크게 줄어들면 실패했다고 말한다. 하지만 저자는 "거기에서 얻을 수 있는 경험의 가치는 사실 잃어버린 돈보다 훨씬 크다"라고 위로한다.

내 투자 실패에 대한 의문은 어떻게 하면 경제적 자유를 이룰 수 있는지에 대한 궁금증으로 이어졌다. 그래 이대로 무너질 수는 없지.

✓ KEY POINT

* 돈 그릇은 처음에는 작게, 그리고 짐짐 그게 디루는 경험을 통해서만 키울 수 있다.
* 주식은 절박하게 팔면 헐값에 팔게 된다.
* 실패해도 절망하지 마라. 실패에서 얻을 수 있는 경험의 가치는 잃어버린 돈보다 크다.
* 투자는 목적과 소신이 있어야 한다.

나에겐 아직
12척의 배가 있나이다

마음이 조급해지면 문을 걸어 잠가

실패한 나를 직면하는 건 어렵다. 피하고 싶다. 어떻게든 되겠지 하며 내빼고 싶다. 그러나 내가 벌인 일은 내가 책임져야 한다.

책임은 영어로 responsibility다. 대응(response)과 능력(ability)의 합성어다. 즉 '어떤 사건에 대응할 수 있는 나의 능력'이란 뜻이다. "모든 게 내 책임이야!"라고 자책하는 것보다 뜻도 잘 통하고 부드럽다.

투자 실패에 대응하고, 이를 발판 삼아 성장하고 성공하는 나를 만들어야 한다. 이렇게 마음먹어도 울적하고 암담한 마음은 감출 수가 없었다. 지금도 그때를 생각하니 키보드 치는 손이 덜덜 떨린다.

급할수록 돌아가라. 뻥 뚫린 마음을 갖고 투자로 돌아가 봤자 잘될 것 같지 않았다. 나 자신에게 자존심이 상했다. 기본부터 채우는 게 중요했다.

부에 관한 책, 주식투자의 대가들이 쓴 책, 자기계발서 등을 다시 꼼꼼히 읽으며 마음가짐부터 새롭게 했다. 나의 실패는 댈 것도 아닌 실패를 경험한 억만장자 투자가들이 수두룩했다.

세계적인 투자자 조지 소로스는 "너무 쉽게 돈 벌 방법만 찾는 게 실패의 원인"이라 했다. 노력이 쌓여야 한다. 투자에 실패하면 손실을 메우기 위해 서둘러 다른 투자를 시도할 가능성이 크다. **"마음이 조급해질 때는 문을 걸어 잠그고 마음을 가라앉힌 후 조용히 기다려야 한다"**라는 짐 로저스의 말은 조급해지려는 내 마음에 차분함을 주었다.

투자에 실패했다고 서둘러 어딘가에 투자해야 한다고 조급해해서는 절대 안 된다. 대부분의 사람이 투자에 성공하지 못하는 이유는 조급함에 있다. "위기가 발생했을 때 이를 벗어날 유일한 방법은 정신을 똑바로 차리는 것이다. 자포자기하지 말고 인내하며 변화를 포착해 살아남으라"고 짐 로저스는 충고한다.

경제적 에어백, 현금

원금을 빨리 회복하기 위해 조급증을 내며 뛰어들지 않은 건 천만다행이었다. 그나마 간헐적 주식투자를 경험하며 나름의 맷집이 생겼기 때문이리라.

계좌 정리부터 했다. 주식부터, 거래소의 코인까지. 마이너스 90%까지 떨어진 게 수두룩했다. "미쳤어", "아까워"가 절로 나왔다. 주식계좌도 별반 다르지 않았다.

경제 위기는 대략 10년마다 예측 불허의 모습으로 우리에게 나타난다. 1997년 아시아를 뒤흔든 IMF 외환위기, 2008년 서브프라임 모기지 사태로 인한 금융위기, 2020년 코로나19 확산으로 인한 경제위기가 있었다. "위기가 기회"라는 건 주식이든, 주택이든 쌀 때 줍줍 할 수 있는 현금이 있을 때 해당하는 말이다.

2008년의 금융위기에는 나에게 현금이 있었다. 마음에 드는 금융 상품을 찾지 못해, 아이들 세뱃돈, 돌·백일·생일에 선물로 받아 갖고 있기만 했던 목돈을, 금융위기로 전 세계 주식 시장이 얼어붙었을 때 과감히 펀드에 가입했다. 목돈의 반은 예치하고 나머지 반은 적금처럼 일정액을 자동이체하는 적립식 투자를 해 큰 이익을 얻었다.

2020년 코로나 때도 현금만 있으면 우량주를 싸게 살 절호의 기회였다. 그래서 투자 전문가나 투자 관련 책들은 "경제적 에어백으로 모든 수입의 10%는 현금으로 떼어놓아야 한다"라고 말하는 거다. 현금흐름이 없는 사람은 100억이 있어도 경제적 자유를 이룬 사람이 아니다.

12척의 배로 나는 재기를 노렸다

여기저기 흩어져 있던 증권통장을 한군데로 모았다. 증권회사 앱을 깔고 공모주 청약했던 거, 과거에 몇 주 팔고 찾지 않았던 돈 등을 정리하면서 소소한 돈들을 소중히 챙겼다. 그러다 한 증권통장에서 이상한 걸 발견했다.

오 마이 갓! 이럴 수가! 눈을 비볐다. 삼성전자 우선주 500주가 있는 게 아닌가. 가슴이 콩닥콩닥했다. 남편 통장인가? 내 스마트폰 앱으로 확인했으니 그럴 리가 없다. 10년 전 1주에 100만 원 가까이 가던 삼성전자 우선주 주식을 500주나 살 형편도 안 됐다. 어떻게 된 거지? 내역을 살펴봤다.

아하! 2018년 1월에 삼성전자 주식이 액면 분할을 단행했다.

1주에 300만 원을 육박해 황제주로 불렸던 삼성전자 주식은 50분의 1로 쪼개지고, 10주였던 내 주식은 500주가 돼 있었던 거다.

간헐적으로 주식을 할 때 수익이 나면 이익금 통장을 따로 만들어 하나둘 사 모았던 삼성전자(우) 주식이 어느새 10주가 됐고, 까맣게 잊고 있었다. **"우량주를 사고 뉴스를 끊고 수면제를 먹어라. 몇 년 후 부자가 돼 있을 거다."** 다시금 앙드레 코스톨라니의 말이 친정엄마의 쌈짓돈 수익 이후 지금의 나랑도 딱 들어맞았다. 수면제와 부자만 빼고.

돈과 투자에서 이익을 얻으려면 감정이나 어쭙잖은 논리를 들이대는 것보다 무심하게 흘려보내는 게 최고의 방법인가? 그러고 보니 나는 친정엄마의 무심함을 이어받은 것 같다.

엄마의 쌈짓돈을 주식투자로 기껏 불려 줬더니, 몇 년 후 "그 돈(쌈짓돈) 어딨냐"고 물은 것은 엄마 특유의 무심한 성향을 보여주는 일화다. 이런 엄마의 무심함이 나에게 이어져 주식을 묵힐 수 있었던 거고, 그게 몇 배로 불어서 돌아온 게 아닌가 싶다. 어쨌든 그 덕에 나에게는 다시 재기할 수 있는 12척의 배가 생겼다.

《돈》의 저자 보도 섀퍼는 실패의 중요성에 대해 이렇게 말한다. "진짜 투자가는 안다. 잃는 것도 얻는 것의 일부인 것을." 한 번도 손실을 내지 않고 그냥 부자가 된 사람은 없다. 한 번도 잃지 않고 성공한 투자가를 나는 지금까지 단 한 사람도 본 적이 없다.

12척의 배로 나는 재기를 노렸다.

* 책임(responsibility)은 문제에 대응(response)하는 나의 능력(ability)이다.
* 투자에 실패하면 문을 걸어 잠그고 마음을 가라앉혀라. 손실을 메우려는 조급한 마음은 또 다른 실패를 부른다.
* 투자할 때 일정 수준의 현금을 확보하는 것은 성공 투자를 만드는 지름길이다.
* 잃는 것도 얻는 것의 일부다.

PART 5

경제적 자유를 위한
투자 시스템 만들기
대작전

복잡한 투자는 피하라.

- 존 램프턴

각성과 공부,
투자에도 나만의 스타일이 중요해

주식투자 거장들의 책을 읽으며 투자에 필요한 몇 가지 원칙을 세웠다. 투자의 방향성과 나만의 기준 세우기가 필요했다. **주식이든 부동산이든, 다른 어떤 투자든 자신만의 스타일을 개발하는 게 중요하다.**

그동안 나에게 주식투자는 종목을 사고파는 일이었지, 자산을 쌓는 개념이 아니었다. 이번에는 달랐다. 경제적 자유를 얻는다는 목표가 있다. 경제적 자유를 얻기 위해 가장 중요한 건 수동소득(passive income) 만들기다. 수동소득이란 '내가 일하지 않아도, 들어오는 돈'을 말한다.

일을 멈추더라도 수입이 멈추지 않는 시스템을 만드는 게 경제적 자유를 만드는 길이다. 기업이든 개인이든 현금흐름을 일정하게 유지하는 것이 경영의 핵심이다. 그런 시스템을 만들어야 한다.

작가는 일정한 현금흐름을 만들 수 있는 직업이 아니다. 1년에 책 한 권 내기 어렵다. 베스트셀러가 된다고 해도 그때뿐이다. 《돈의 속성》의 김승호 회장은 "수입이 비정규적인 사람은 자신을 정규적인 수입 자산으로 옮기는 작업을 하루라도 빨리 시작해야 한다"고 조언한다. 부동산이나 배당을 주는 우량 주식으로 소득을 옮겨 놓아야 한다는 거다.

부동산은 목돈이 필요하고 현금이 오랫동안 묶여 있다. 직접 투자할 곳도 찾아다녀야 하고, 매매할 때 누군가를 만나야 하는데 이런 것은 내 성향이 아니다. 부동산 투자 경험도 없고, 하려면 공부도 새로 시작해야 한다. 나에게 맞지 않는다는 결론이 나왔다.

내가 잘할 수 있고, 흥미를 갖고 있고, 공부도 했고, 왜 하는지 투자 이유를 댈 수 있는 것은 결국 20년 동안 성공과 실패를 거듭한 경험이 있는 주식투자였다.

만 원만 있어도 투자할 수 있고, 아등바등하지 않는 적당한 무심함이 강점인 나는 주식투자로 내 경제적 자유의 발판을 세우기로 했다. 내가 일하지 않아도 수입이 발생하는 나만의 투자 시스템을 만드는 거다.

이를 위해서는 무엇보다도 부자가 될 수 있다는 믿음이 중요하다. 부를 이룰 나 자신을 믿기로 했다. 워런 버핏은 "자신이 부자가 된다는 사실을 단 한순간이라도 의심해 본 적이 없다"라고 했다. 그의 말을 새기며 최소한의 노력으로 최대한의 효과를 볼 수 있는 주식투자 시스템을 세팅하기 시작했다.

✓ KEY POINT

* 일을 멈추더라도 정기적으로 일정한 현금이 들어오는 시스템을 만드는 게 경제적 자유의 핵심이다.
* 자신의 성향에 잘 맞는 투자 방법을 선택하자.
* 부를 이룰 내 자신을 믿는 것이 제일 중요하다.

투자 원칙①

돈에 내 감정과
얄팍한 논리를 넣지 마라

1등 주식 사 모으기

때로는 어떤 사소한 일이 인생에 중대한 영향을 미친다. TV나 영화를 보다 대수롭지 않게 넘어갔던 어떤 장면, 신문 한 귀퉁이 속의 짧은 사연, 옆자리에 앉았던 낯선 사람들의 대화 속 한마디 같은 것들 말이다. 강렬한 인상 없이 소소하게 흘러갔던 내용들이 먼 훗날 내 선택의 기저에 깔린 걸 발견할 때 화들짝 놀라곤 한다. 공부로는 알 수 없는 것들이다.

1970년대에 매일 읽을거리는 신문이었다. 아빠·엄마가 먼저 읽고 나면 나는 만화도 보고, 초등학생이 읽을 만한 걸 찾아 훑어 읽는 게 습관이었다. 그러던 어느 날 '한 택시 기사가 증권회사에서 환하게 웃으며 찍은 사진'이 내 눈에 들어왔다.

"택시에 탄 한 손님과 이런저런 이야기를 하다 주식을 알게 됐고, 그 기사는 수입의 일부를 떼어 아내 몰래 1등 주식을 사 모으기만 하고 생업에 열심히 종사했다. 그러다 집안에 어려운 일이 생기자 잊고 있던 주식이 생각나 찾았더니 어마어마한 금액이 돼 있었다"는, 40년도 더 된 기사라 어렴풋하지만 대충 이런 드라마틱한 스토리였던 거 같다.

주식이 뭔지도 몰랐던 초등학생이었지만 그 기사를 읽으며 '1등 주식'이 내 뇌리 어딘가에 깊숙이 박혀 있었음이 분명하다. 그게 아니라면 세월이 흘러 내가 주식을 시작하고 돈이 생길 때마다 1등 주식이었던 삼성전자 주식을 샀던 거를 설명할 수가 없다. 그 누가 가르쳐주지도 않았는데 말이다.

2022년, 절대 지켜야 할, 전세금과 조상님이 준 5천만 원을 포함한 총 3억 원의 자금이 공중분해 되기 직전, 비참한 내 계좌를 눈물을 머금고 정리했다.

온라인이었지만 시장의 공포감은 2008년 증권회사 현장에서 느꼈던 침울함이 그대로 느껴졌다. 2008년의 나는 공포를 즐기며 환호했고, 2022년의 나는 고스란히 공포의 직격탄을 받

고 있었다.

마인드, 처세, 성공학, 자기계발 등의 도서를 닥치는 대로 읽으며, 공포에 노출된 나의 마음을 진정시키기 위해 마인드셋부터 장착해 나갔다. 조셉머피 박사의 《잠재의식의 힘》을 보며 확언도 열심히 했다.

"내 삶에 부가 자유롭게 흐름에 감사합니다."

"이 일이 잘 해결되어 감사합니다."

"2027년에 200억 자산가가 됐습니다. 주변에 선한 영향을 주며 행복하게 살고 있습니다. 감사합니다."

"2022년 동화 공모전에 당선되었습니다. 감사합니다."

훅하고 들어오는 불안감과 부정적인 생각이 들 때마다 이런 식으로 '이미 내 미래는 성공했다'는 확언을 끊임없이 했다. 부를 쌓는 과정은 내 마음을 긍정과 감사의 나날로 만드는 수양의 과정이었다.

정말 감사하게도 삼성전자(우) 10주가 액면 분할돼 500주로 나타난 기적이 일어나지 않았나? 배당까지 쌓여서 꽤 두둑했다. 흥청망청 투자에 취했을 때 알았다면 어쩔 뻔했나. 좁디좁은 나의 부의 그릇에 담기지 않고 어디론가 튕겨 나갔을 거다.

내가 지금 스물다섯 직장인이라면

1등 주식을 사 모으자!

정확히 말하면 시총 1위 주식을 말하는 거다. 신문 한 귀퉁이에서 발견한 40년 전의 로망을 실현하기로 했다. 시총 1위 주식은 10년이 지난 지금도 삼성전자다.

《돈의 속성》은 나에게 은혜로운 책이다. 그 책을 읽으며 나는 돈의 본질에 대한 실용적 고찰을 할 수 있었다.

"내가 지금 스물다섯 살 직장인이고, 지금의 내 모든 경험과 지식을 이용할 수 있다고 가정하면 급여에서 50만 원 정도의 돈을 빼서 한국에서 제일 큰 회사의 주식을 사겠다. 가격이 오르내리는 것은 상관없다. 매달 같은 날 50만 원씩 주식을 사 모을 것이다."

쉰둘이지만 스물다섯이라 생각하고 투자하기로 했다. 2022년 삼성전자는 최고점을 찍고 미끄럼 타듯 떨어지고 있었다. 자동 매수로 한 달에 10주씩 사기로 했다. 혹시 마음이 흔들릴까 봐 SNS에 매달 사는 걸 인증했다.

그때 삼성전자는 눈만 뜨면 떨어져 온갖 욕을 다 먹고 있었다. 반도체 산업이 어떠니, 대만 TSMC에 밀리느니, 비메모리가 어쩌고, 파운드리가 어쩌고…. 1년 내내 떨어졌다. 10만 원을 바라보던 주가가 4만 원대로 내려갔다. 한쪽에서는 2차전지 관련주가 주식 시장 돈 다 빨아들인다고 할 정도로 치솟고 있었다. 삼성전자를 사는 것은 기회비용을 잃는 거라고 하는 사람도 있었다.

30클럽을 결성하다

나는 주변의 소음을 차단하고 계획대로 삼성전자(우) 주식을 매수했다. 배당으로 한 달 치의 커피값이 일정하게 나오는 현금 흐름을 만들려면 한 종목당 1,000주 이상은 모아야 한다. 하락장에서 샀다 팔았다 하는 건 의미가 없다.

매달 사 모으는 전략을 가지니 주가가 떨어지는 게 더 좋았다. 내 평균 매수 단가가 내려가고 주식 수가 늘어나니 배당은 더 받을 수 있다. 그리고 주식 역시 회복탄력성이 있다. 경기가 좋아지면 우량주는 결국 우상향한다.

불과 1년 반이 지나자, 2차전지와 삼성전자 주식은 반대가 되었다. 주식 좀 해본 사람은 안다. 시총 1위 주식은 오름이 더

디고, 떨어져도 결국은 우상향한다는 것을.

경제통 지인 세 명을 모았다. 2022년에 주식에 안 물린 사람이 없었다. 나도 인간인지라 약해지는 마음을 다잡으려고 '매달 30일 삼성전자 주식 1주 이상 사고 인증하는 거 어떻겠냐'고 제안했다.

다들 흔쾌히 동의했다. 30일에 산다고 '30클럽'이라 이름도 지었다. 남들이 공포에 사지 못하니, 사 모으는 게 더 쉬워졌다. 은근한 경쟁도 붙어 1주라도 더 가지려 했다. 우리는 서로 격려하기도 하고, 부러워하기도 하며 사는 걸 멈추지 않았다. 우량주를 꾸준히 모아가는 게 최고라는 걸 몸으로 체득한 친구들이 곁에 있어서 좋았다.

돈에 감정과 얄팍한 논리를 넣지 마라

여기서 한 가지 질문을 해 볼까?
세 명이 매달 30일, 다음처럼 삼성전자 주식을 1주 이상 샀다.

나 : 10주는 무조건 자동 매수 걸어놓고, 그 이상은 돈이 생길 때마다 사

모은다.

A와 B : 30일에 1주 이상 사고, 그 이상은 싸다고 생각할 때 사 모은다.

누구의 수익률이 제일 높았을까?

나였다. 여기서 또 배웠다. 돈에 내 감정이나 얄팍한 논리를 넣으면 안 된다는 거다. 시장을 못 이긴다. 시장에 이기려 하지 말고 대응해야 한다.

막상 4만 원대로 떨어지니 A와 B는 못 샀다. 더 떨어질 것 같아서 못 샀단다. 올라가면 더 오를 것 같으니 오히려 조금씩 더 사게 됐다고. 부동산도 떨어질 때 안 사고 오를 때 영끌해서 무리하게 사는 심리와 같다.

그때 내가 SNS에 인증하는 걸 지켜보던 분들이 나중에 삼성전자(우)를 4만 원대에 못 산 걸 아쉬워하는 댓글을 많이 올렸다. 나는 삼성전자(우) 1,000주를 목표로 악착같이 모았다. 원고료, 강연료, 출연료가 생기면 무조건 샀다. 그렇게 쌓여가니 배당도 많아져 한 달로 나누면 20만 원이 넘게 나왔다. 나에게도 일정한 현금흐름이 생긴 거다.

약세장에서의 자동 매수는 평균 매수 단가를 낮춰준다. 공포의 약세장이 지속하는데도 6개월 만에 수익률이 플러스로 전환됐다. 자동 매수 방법은 완전 투자 꿀팁이다. 편하고 시간

뺏길 일도, 신경 쓸 일도, 챠트 볼 일도 없이 내 할 일 열심히 하면 된다.

일 년에 네 번 배당이 나올 때마다 배당금을 삼성전자 주식 사는 것에 재투자했다. 불과 2년도 안 되어 수익률은 2배가 되었다. 10년 전에 사놓고 잊었던 삼성전자(우) 10주가 액면 분할로 500주가 된 게 천군만마였다. 삼성전자는 건물이고 매달 25만 원꼴의 배당은 월세인 셈이다.

1주라도 더 모으고 싶어 남편에게 의논해도 다른 대화는 그렇게 잘 통하면서 투자에 대해서는 왜 그리 불통인지, 너나 잘하란 식이다. 그래 나나 잘하자.

내 투자 철학이 생겼다.

모든 투자는 적금하듯 적립식 매수를 기본으로 한다. 2년 동안 1등 주식을 모아온 실전 투자 경험이다. 3년짜리 적금 들었다고 생각하면 편하다.

* 투자하면서 돈에 감정과 얄팍한 논리를 넣지 마라.

* 주식 시장은 약세장과 강세장이 번갈아 찾아온다.

* 약세장에 3년짜리 적금 붓는다 생각하고 우량주를 기계적으로 자동 매수
  하라. 강세장에 큰 수익을 얻을 수 있다.

투자 원칙②

이길 수밖에 없는
시스템을 세팅하라

이기는 환경(시스템)을 세팅하라

세이렌을 의지로 이길 수 있는 사람은 없었다. 이길 수 있는 환경을 만든 후, 그 환경에 몸을 맡긴 사람만이 살아남을 수 있었다. 세이렌은 그리스 신화에 나오는, 상반신은 아름다운 여자의 모습을 하고 하반신은 새 모습을 한 바다의 님프다. 아름다운 외모와 노래로 뱃사람을 홀려 바다에 빠뜨린다.

유혹에 빠지지 않기 위해 오디세우스는 몸을 아예 배에 묶고 절대 풀지 말라고 명령한다. 전쟁의 영웅, 천하의 오디세우스도 자신의 의지를 믿지 않았다. 오히려 자신의 의지를 밟아버리는 시스템을 만들어 생명을 건졌다.

주식투자에도 오디세우스처럼 몸을 배에 묶는 시스템을 만들 필요가 있다. 감정에 휩쓸려 매수, 매도 버튼을 누르는 손가락을 묶는 시스템 말이다. 다행히 요즘에는 주식투자에도 다양한 기법이 개발돼 시스템 투자가 가능해졌다.

내 취미는 우량주 자동 매수하기

내가 가장 애용하는 방법은 장기투자를 할 수 있는 ETF(Exchange Traded Fund)를 골라 정액매수적립식으로 투자하되, 꼭 자동 매수로 걸어놓는 것이다.

정액매수적립식 투자란 '매월 일정한 날짜에 5만 원, 10만 원씩 투자할 금액을 정해 주식을 자동 매수할 수 있도록 세팅해 놓는 것'이다. 10주, 20주씩 수량을 정해 일정하게 매수해도 된다. 증권회사 앱으로 자동 매수할 수 있다. 1년짜리 적금을 드는 거로 생각하면 쉽다.

중요한 건 '정한 날짜에 어느 기업이 망하건, 어느 나라에서 전쟁이 나건, 주식 시장이 활황이든 불황이든 상관하지 않고 무조건 매수한다'라는 거다. 물론 자신이 투자한 기업의 동향은 살펴야 한다.

사고팔고를 하지 말고 1년 동안 모아보기만 하는 경험은 내 자산을 늘리는 게 무슨 뜻인지 알게 해준다. 100주, 200주 모아 가다 보면 파는 게 아까워진다. 정말 목돈이 필요한 경우 자동 매수는 그대로 유지하고 일부를 팔아 쓰는 방법이 있겠지만, 애써 모은 황금 거위의 배를 가르지 말아야 한다.

'현금 확보'와 '자산 늘리기'가 톱니바퀴 맞물리듯 착착 돌아가야 한다. 이 과정이 사실 시간을 담보로 한 인내의 과정이라 말은 쉽지만 어렵다.

우량주는 거의 배당이 나온다. 내가 적립식 투자로 성공했던 삼성전자 우선주는 1주당 321원의 배당이 3, 6, 9, 12월 분기별로 나온다. 몇 년 갖고 있으면 원금에 이자, 이자에 이자가 붙는 복리의 마법이 펼쳐진다. 아인슈타인이 8대 불가사의라고 한 복리의 마법이 내 증권통장에서 일어난다. '생각보다 많은데?' 이런 기분 좋은 일이 일어난다.

벤저민 그레이엄은 《현명한 투자자》에서 "현명한 투자자조차 대중에 휩쓸리지 않으려면 상당한 의지력이 있어야 한다"라고 말했다. 심리의 영향을 더 많이 받기 때문에 자신도 주식의 비중을 기계적으로 조정하는 방법을 선호한다고 했다.

'기계적'이란 단어에 주목하자. 벤저민 그레이엄은 1930년대의 투자자지만, 백여 년이 흐른 지금도 그의 투자법은 유용하다. 심지어 우리는 아마추어다. **과거나 현재나 주식 시장에서 인간의 의지는 나약하기만 하다. 그래서 '기계적'인 시스템을 만들어야 한다.**

벤저민 그레이엄은 "장기간에 걸쳐 우량주를 정액매수적립식 투자를 히면 장담히건대 충분한 이익을 확보할 수 있다"라는 걸 연구 결과로 보여준다.

투자자에게 손실을 안겨주는 위험은 주식 시장이 활황일 때 비우량주를 매수하면서 발생한다. 찔리는 분? 호황기 때는 아무 주식이나 사도 오른다. 선배 중 한 명은 그때 불같이 올라서 샀던 남북경협 주, 정치 관련주가 곤두박질쳐 몇 년간 팔지도 못하고 계속 갖고만 있다고 하소연한다. 반면에 남들 뜀박질할 때 기어가는 것 같은 우량주는 고점에 샀어도 버티면 결국은 고점을 뚫는 날이 온다. 미국 우량주가 대표적 예다.

적립식 매수의 위력을 느끼다

친구 다섯 명이 여행 목적으로 한 달에 5만 원씩 10년 넘게 쓰지 않고 모았다. 다들 바빠 만나지도 못하고 돈은 쌓여만 가서 어림잡아도 2천만 원은 넘었을 거다. 몇 년간 만남도 없이 돈만 입금하다 보니 모임 자체가 소원해졌다. 최소한 회비의 입금 내용이라도 공유해야 하는데 감감무소식이었다.

'만남도 돈 관리도 제대로 안 되는데 무슨 의미가 있나!' 싶어 모임을 탈퇴하려 했다. 당시 나는 투자 실패 후에 각성하고 부의 마인드셋 공부에 한참 열을 올리고 있던 때라서, 우리의 노력과 시간이 들어간 돈이 아무렇게나 방치되고 있는 게 싫었다. 사람도 돈도 정성을 들이고 노력해야 좋은 결실이 이루어지지 않겠나.

다들 비슷한 마음이었나 보다. 반성하는 마음으로 몇 년 만에 다시 모였다. 처음으로 10년간 모은 금액을 정산해 보니 2천5백만 원이 넘는 제법 큰 금액이었다. 우리는 그 돈을 어떻게 할까 의논했다.

나는 과감히 미국 우량성장주 펀드를 제안했다. 한 달에 100만 원씩 2년간 적립식 매수하자고 했다. 2022년 1월의 주식 시장은 코로나, 우크라이나와 러시아 전쟁으로 공포 그 자체였다. 반대로 말하면 미국 우량주를 싸게 살 기회였지만, 주식을 하지 않는 사람 입장에서는 떨떠름한 제안일 수 있다.

2년 후에 열어보고 떨어져 있으면 원금은 내가 보장하겠다고 했다. 적립식 매수면 자신 있었다. 3개월에 한 번씩 정기 만남도 제안했다.

다행히 지적인 나의 친구들은 다들 동의해 줬고, 2022년 1월 새롭게 시작했다. 똑똑하고 꼼꼼한 K가 모든 걸 맡아 진행했다. 펀드 계좌를 만들고 100만 원씩 자동이체를 했다. 만남의 장소도 안 나오면 아쉬울 좋은 곳으로 잡아, 모임도 잘 유지했다. 딱 부러진 정산은 물론이다.

몇 개월은 펀드가 마이너스 수익률이라 나도 좀 겁이 났다. 그러나 꾸준히 적립하고 약속한 2년 후의 결과는? 수익률이 20%가 넘어 400만 원 이상의 수익금이 나왔다. 다들 놀랐다. 이 돈을 어떻게 써야 할까, 만남의 장소를 어디로 정할까 우왕좌왕했다.

다카하시 히로카즈의 《끌어당김의 법칙》에 돈 그릇을 넓히려면 '돈의 역치'를 높이라는 말이 나온다. 역치(閾値, threshold)란 '생물체가 자극에 대한 반응을 일으키는 데 필요한 최소치'를 말한다.

어떤 자극에 처음에는 찌릿하다가도 익숙해지면 아무런 느낌이 없어진다. 이때는 더 강도를 높여야 자극에 반응하게 된다. 역치가 높아졌기 때문이다. 매운맛을 좋아하는데, 아주 매운맛, 그것도 모자라 핵 매운맛을 찾게 되면 매운맛에 대한 역치가 높아진 거다.

돈 그릇을 높일 때는 상한 역치를 높이고 하한 역치는 낮춰야 한다. 돈의 역치를 높이는 것은 나의 존재급을 높이는 거다. 투자 수익금으로 쌓인 돈은 그에 걸맞게 새로운 공간에서 써야 부의 역치를 높여 부의 그릇이 커진다는 생각이 들었다.

우리 모임에서 자주 먹던 브런치 카페의 비슷한 메뉴, 닭발, 곱창에서 미쉐린 셰프의 최고급 호텔 레스토랑으로 모임 장소를 정했다. 메뉴도 제일 비싼 거로 업그레이드하고 스파클링 와인도 거리낌 없이 시키며 81층 뷰를 맘껏 즐겼다. 성공한 느낌이었다.

돈의 역치를 높이는 방법의 하나는 돈을 쓸 때 긍정적 감정으로 기분 좋게 내보내는 거다. 우리가 해보지 않았던 좋은 것을 함께하는 즐거움에 대해 감사의 마음을 갖고 말이다.

돈은 모으는 것도 중요하지만 관리하고 유지하는 게 더 중요하다고 서로 입을 모았다. 적립식 매수의 위력도 느꼈다. 이후로 한 명씩 야금야금 주식을 자동 매수하는 멤버가 늘었다.

직접 투자가 부담스러우면 이렇게 증권사나 은행에서 우량주 펀드에 가입하고 일정 금액을 자동 매수하면 된다. 다만 주식형 펀드 역시 손실이 발생할 수 있다. 단기투자는 권하지 않는다.

펀드 운용사의 수수료도 발생한다. 수수료는 적립금과 수익금 총액에서 차감하기 때문에 투자자산이 클수록 수수료의 부담이 커질 수 있다. 또 환매 후 받는 투자금은 신청 3일 후에 받을 수 있고, 해외 주식형 펀드일 경우 환매 대금이 공휴일 포함 2주나 걸릴 수 있으니 주의해야 한다.

√ KEY POINT

* 돈은 모으는 것도 중요하지만, 관리하고 유지하는 게 더 중요하다.
* 주식을 최소한 1년 동안 자동 매수로 모으기만 하는 경험은 자산을 늘린다는 게 무슨 뜻인지 알게 해준다.
* 돈의 역치를 높이는 것은 나의 존재급을 높이는 거다.
* 돈을 쓸 때는 감사의 마음을 갖고 기분 좋게 내보내야 한다.

투자 원칙③

모든 주식을 소유하라

나의 반려주식 ETF

애정하는 종목이 생겼다. 80세까지 내 곁에 두고 싶다. 아니 평생 내 곁에 머무르게 할 거다. 바로 미국 ETF. ETF란 Exchange Traded Fund의 줄임말로 '특정 지수를 추종하는 지수 연동형 펀드를 거래소에 상장시켜 주식처럼 거래할 수 있도록 만든 펀드'를 말한다. 그래서 ETF는 '상장 지수 펀드'라고도 부른다. 주식 시장에서 애플, 구글을 매수하는 것처럼 펀드를 살 수 있다고 생각하면 쉽다.

미국 주식에 관심이 있어 애플도 사고 싶고, 테슬라도 사고 싶고, 아마존도 사고 싶은가? 다 사려면 비용도 많이 들고, 관리도 어렵다. 이럴 때 SPY나 VOO ETF 1주를 매수하면 아마존, 테슬라, 구글 주식을 일정 비율 다 사는 셈이 된다. 종합선물 세트다. 종류도 다양하다.

대중적이고 대표적인 우량 ETF는 다음과 같다.

SPY, VOO, IVV : 미국 주요 500개 대형 기업으로 구성된 S&P500
  지수 투자
QQQ : 나스닥 지수 투자
VTI : 미국에 상장된 전체 기업 투자
VT : 전 세계에 상장된 기업 투자

이처럼 개별종목으로 투자하기 부담스러울 경우 지수 전체를 사는 ETF 투자를 선택할 수 있다.

S&P500 ETF

워런 버핏은 아내에게 "내가 죽으면 자산의 90%는 S&P500 ETF에 투자하고 나머지 10%는 미국 채권에 투자하라"는 유언을 남겨 S&P500 지수를 추종하는 ETF는 더 유명해졌다. 그 기사를 보고 나도 ETF에 관심을 갖게 됐다.

2020년 전세금으로 투자하면서 위험을 분산시킨다고 샀던 게 VOO ETF였다. 증시가 폭락할 때 1년간 계속 떨어져 손실만 마이너스 20%였다. 개별종목으로 투자한 페이스북(메타)은 마이너스 70%까지 떨어졌으나 S&P500을 추종하는 VOO ETF는 나름의 하락 방어를 한 거였다.

연간 최저점을 찍고도 한참을 횡보했다. 그러다 2022년 중반부터 미국 대형주가 오르기 시작하니 당연히 S&P500에 속한 모든 종목이 포함된 VOO ETF도 따라 올랐다. 순식간에 내가 산 가격을 넘어섰다. 전세금 정산할 때 살펴보니 내가 투자한 것 중 유일하게 장기적 수익을 안겨준 종목이었다. ETF의 안정성을 실감했다.

또 하나 놀란 건 환율이다. 역사적으로 주식 시장에 하락이 올 때마다 달러는 강세였다. 내가 VOO를 팔고 원화로 환전했을 때 환율이 올라 결과적으로 10% 이상의 수익이 더 나 있었다. 미국 주식에 투자하는 건 달러에 투자하는 거였다.

이런 경험이 쌓이면서 나는 투자금을 미국 주식으로 옮겨가고 있다. 매출이나 규모 면에서 미국 시장은 세계에서 제일 크다. 만일 뉴욕에서 어떤 사업이 성공했다고 하면 미국 전 지역으로 확장하며 성장할 가능성도 있다.

게다가 맥도널드, 엔비디아, 애플 등의 기업처럼 해외로도 나간다. 고성장을 이어갈 수 있다. 고성장, 신산업, 독특하고 잘나가는 기업들이 미국 주식 시장에 몰려 있다.

워런 버핏은 "10년을 보유할 생각이 없는 주식은 10분도 가지고 있지 말라"고 했다. 한국 주식을 10년 동안 가지고도 안심할 종목을 생각해 보니 몇 안 되었다. 내 일 하면서 신경 쓰지 않고 투자할 종목을 찾는 나에게는 미국 ETF가 딱 맞다.

VTI ETF

1등 주식을 산다 해도 만년 1등일 수 없다. 실적이나 CEO의 움직임 등을 잘 살펴야 한다. VTI ETF는 뱅가드 자산 운용사가 알아서 실적에 따라 종목들을 리밸런싱(rebalancing, 보유 중인 자산 군별 비중을 재조정하는 행위)한다. 실적이 나쁜 기업은 알아서 빼주고, 실적이 좋은 기업은 알아서 비중을 늘려준다. 그렇게 편할 수가 없다.

나의 반려주식인 VTI(Vanguard Total Stock Market Index Fund)는 미국 전체의 3,550여 상장법인의 주가지수를 1배로 추종하는 ETF이다. 상위 50개 기업의 비중이 40% 이상을 차지한다.

내가 3년째 운영 중인 부자 독서 모임 〈우리클〉에서는 주식 관련 책도 함께 읽는다. 모임에서 종목 추천을 안 하지만 ETF의 장점을 알려주기 위해 시험 삼아 VTI ETF를 6개월 동안 일주일에 10달러씩 자동 매수해 보았다. 회원들에게 자동 매수 투자를 어떻게 하는지 샘플로 보여주려고 했던 건데, VTI ETF에 내가 더 반했다.

수익률도 연평균 10% 이상 나왔고, 1년에 4번 배당도 나온다. 갖고 있는 다른 주식보다 편하고 좋았다.

VTI나 VOO, SPY ETF를 추천한다. 지금은 독서 멤버의 반 이상이 VTI를 자동 매수하고 있다. 소소하지만 배당이 나오니 신기하다고들 말한다.

날이 갈수록 싸게 사고 싶어 오히려 주가가 떨어지길 바라는 이 마음. 떨어지면 자산을 늘리고 싶어 조금이라도 더 산다. 이런 심리가 수익률을 차이 나게 만든다. 모두 부자 되기를 빈다.

단, 미국 주식을 사고팔 때 세금을 주의하자. 연 배당금이 총 2천만 원을 초과하면 사업소득에 합산되어 세금이 매겨진다.

양도소득세는 주식 매매로 인한 연간 수익이 250만 원까지는 비과세가 적용되고, 초과 수익에는 22%를 양도소득세로 내야 한다. 수익이 500만 원 났다고 하면 250만 원은 비과세, 나머지 250만 원에 22%의 양도소득세를 내야 한다.

단순함과 상식을 추구하는 인덱스펀드

존 보글이 일평생 연구하여 만든 인덱스펀드(지수연동형 펀드)의 출현은 주식 시장의 한 획을 긋는 획기적인 사건이었다. 그는 철저히 투자자의 관점에서, 인덱스펀드를 통해 비용과 위험을 최소화하고 천천히 부자가 될 수 있는 길을 열어주고자 일생을 바쳤다.

다양한 업종의 우량주를 포괄하는 포트폴리오를 구성하고, 펀드 매니저에게 가는 운용 보수금을 대폭 낮추고, 세금을 줄이는 저비용 인덱스펀드에 장기투자 하는, 간단한 방법으로 부의 차선을 탈 수 있게 한 것이다.

초기에 바보 같은 펀드를 판매한다며 사람들에게 비웃음을 당했지만, 인덱스펀드는 주식 역사상 가장 위대한 펀드 중 하나로 평가받고 있다.

"건초더미에서 바늘을 찾느니, 건초더미를 사라"는 존 보글의 말은 "개별 주식을 고르는 데 시간을 낭비하지 말고 인덱스펀드를 매수하여 위험을 줄이라"는 뜻이다.

존 보글은 "시장을 이기려 뭔가 하지 말고 시장을 따라가라"며, 투자에서 단순함과 상식을 중요시했다.

인덱스펀드와 ETF는 S&P500 지수를 따르는 포트폴리오 구성은 같지만, 엄연한 차이점이 존재한다.

우선 개설해야 하는 계좌가 서로 다른데, 펀드는 은행이나 자산 운용사에서 펀드 계좌를 만들어야 하고, ETF는 주식계좌를 만들어야 거래를 할 수 있다.

인덱스펀드가 보통 펀드처럼 자산 운용사나 은행을 통해서 매매하는 방식이라면, ETF는 말 그대로 증권거래소(Exchange)에서 매매(Trade)하는 펀드다.

한국에서 미국의 블랙록이나, 뱅가드 그룹 같은 자산 운용사가 운용하는 인덱스펀드에 직접 들 수 없으니, 미국 주식 시장에 상장된 S&P500을 추종하는 인덱스펀드 ETF를 정기적으로 매수해 투자하면 된다.

인덱스펀드와 ETF는 둘 다 운용 보수가 낮아 비용이 저렴하다. 기계적으로 지수를 모방하기에 펀드매니저에게 비싼 운용 수수료를 지급할 필요가 없기 때문이다. 펀드에서 가장 중요한 것은 첫째도 비용, 둘째도 비용이다.

우리는 얼마나 오르고 얼마를 벌었느냐에 초점을 맞추지만 보이지 않는 비용이 우리 수익금을 갉아먹는 것에 주의해야 한다. 당연히 잦은 매매는 금물이다.

포지션을 자주 바꾸는 행위는 그것이 무엇이든 간에 큰 이익으로 이어지는 일은 드물다. 돈은 한군데 붙어서 모여 있는 걸 좋아하기 때문이다. 잦은 매매, 잦은 이직, 잦은 이사는 부를 축적하기 좋은 방식은 아니다. 진득하니 우량 ETF를 평생 친구라고 여기며 모아가 보자. 든든한 인생 친구가 되어 줄 것이다.

워런 버핏, 필립 피셔, 윌리엄 번스타인 등 투자의 거장들은 존 보글을 영웅이라 칭했으며, 미국의 주식 시장 대표 지수인 S&P500을 추종하는 ETF를 장기 매수하여 부유하는 것이 현명한 투자라 했다.

세계 최대 헤지펀드의 수장인 레이 달리오의 퓨어알파(Pure Alpha)펀드는 ETF로 포트폴리오의 약 90%를 채우는 것으로 유명하다.

반려주식으로 마음 편하게 자산을 쌓을 수 있게 해준 인덱스 펀드의 창시자 존 보글에게 나 역시 존경을 표한다. 꾸준하게 지수 전체에 투자하는 것, 이것이 나를 부자로 만들어 줄 것이다. 반려견, 반려묘, 반려식물뿐 아니라 반려주식 역시 인생의 동반자다. 자신만의 반려주식을 꼭 갖기를 권한다.

* 시장을 이기려 하지 말고 우량 ETF 투자로 시장 전체를 사라.

* 대표적 ETF로 SPY/VOO/VTI/QQQ가 있다.

* ETF는 개별 주식을 고를 때 생기는 위험과 시간을 줄여준다.

초보 주식투자자를 위한 동화작가의 추천 도서 5선

1. 《돈, 뜨겁게 사랑하고 차갑게 다루어라》, 앙드레 코스톨라니

제목이 낭만적이지 않은가? 저자는 음악과 투자를 지독히 사랑한 유럽 투자계의 거장이다. "우량주를 사고 수면제를 먹고 뉴스를 끊어라. 몇 년 후에 부자가 되어 있을 것이다"라는 유명한 말을 이 책에서 만날 수 있다. 그에게 투자는 지적인 도전행위이며, 돈은 독립성을 의미한다. 투자와 인생에 대한 철학적 고찰이 담겨있다.

2. 《모든 주식을 소유하라》, 존 보글

인덱스펀드의 창시자인 존 보글. 그는 수많은 종목으로 포트폴리오를 구성해 '리스크 최소화', '낮은 운임 수수료'를 내세워 투자자를 보호하며 안전하게 장기투자 할 수 있는 길을 열었다. 상식과 원칙에 입각한 투자, 단순하게 투자하며 부자로 남는 방법을 알고 싶은 투자자라면 무조건 읽어야 할 책이다. 나는 이 책을 읽고 매주 VTI ETF를 자동 매수하게 되었다.

3. 《현명한 투자자》, 벤저민 그레이엄

현명한 투자의 원칙과 태도에 대해 알고 싶다면 필독. 대공황과 성장주 버블장세를 모두 경험한 저자의 통찰과 지혜가 담겨있다. 시장이 좋든 나쁘든 매월 똑같은 금액을 우량주에 기계적으로 투자하는 '정액매수적립식' 기법을 소개한다. 나의 투자 원칙에 가장 큰 영향을 준 책.

4. 《이기는 투자》, 피터 린치

마젤란 펀드를 세계 최대의 뮤츄얼 펀드로 키워내 월가의 영웅이라 칭송받는 피터 린치의 책. 그의 이기는 투자법은 의외로 간단하다. 경제와 시장 상황을 무시하고, 계획에 따라 정기적으로 투자하라는 것. 최악의 투자는? 전혀 모르는 기업에 투자하는 것. '이기는 전략은 기본에 충실하기'라는 걸 확인할 수 있다.

5. 《한 권으로 끝내는 미국 주식》, 소수 몽키

미국 주식투자 입문서. 저자가 왜 미국 주식을 선택했는지, 주식 할 때 필요한 마음가짐, 종목 선정 기준, 매수 · 매도 전략, 속 편한 ETF 투자, 미국 주식 세금 등 미국 주식에 투자할 때 알아야 할 것들이 잘 정리돼 있다.

PART 6

비트코인은 어떻게 나의 안전벨트가 되었나

21세기 문맹은 기존의 것을 버리지 않는 자,
새로운 것을 학습하지 않는 자가 될 것이다.

-앨빈 토플러

나의 비트코인 입문기

유튜브 영상 하나 보고 비트코인에 뛰어들다

2020년의 나는 무모했다. 비트코인에 투자했던 걸 말하는 게 아니다. 비트코인에 관한 지식과 이해가 전혀 없는 상태에서 설레발치며 뛰어들어, 하루에도 20% 이상씩 널뛰는 코인 시장에서 같이 널뛰던 내 행동이 그렇다는 거다. 나름대로 주식투자 경험이 있으니, 쉽게 적응할 줄 알았다.

비트코인은 양극의 성질을 가졌다.

비트코인을 제대로 이해하고 투자하면, 내 미래의 부를 책임질 수 있는 안전자산임을 확신한다. 그러나 비트코인을 제대로 이해하지 못하면 당장 0으로 사라질 것 같은 부정적인 뉴스의 노예가 되기 쉽다. 그러면 투자하기도 어렵고, 설령 투자했다 해도 보유하지 못하고 금방 팔아치울 수밖에 없는 몹쓸 위험 자산이 된다.

암호화폐나 비트코인에 관한 책 한 권 읽은 적도, 강의를 들으며 공부한 적도 없는 코인 무지렁이가 '미국의 젊은 층에서 도지코인을 갖는 게 하나의 문화'라는 영상을 유튜브로 보고 호기심 삼아 투자했고, 다음날 바로 수익률 100%가 넘는 기염을 토했다. 그 후로 나는 미국의 암호화폐 유튜버 채널에 푹 빠졌다.

블록체인에 대한 방대한 자료와 NFT, 디파이 등 다양한 코인을 추천하는 영상들은, 처음 접해보는 신기한 세상이었다. 운동할 때도, 청소할 때도, 걸어 다닐 때도 끊임없이 보고 들었다. 얼마나 열심히 들었는지 51세에 영어 귀가 다 뜨였다. 웬만한 영상은 자막 없이도 잘 알아듣는다. (영어 실력을 늘리려면 관심 분야의 해외 유튜브 듣는 걸 적극 추천한다.)

2021년 11월까지 비트코인은 미친 듯이 올라 1천8백만 원에 샀던 게 8천만 원이 넘어서고 있었다. 끝 모르게 치솟던 비트코인은 미국 연준의 금리 상승 소식을 시작으로 후드득 떨어지기 시작했다. 알트코인은 빛의 속도보다 더 빠르게 떨어졌다. 전세금을 포함한 원금 3억 원이 10억 원을 넘어서다 순식간에

5천만 원으로 내동댕이쳐졌다. 마치 12시가 되면 땡 하고 마법이 풀어진 신데렐라처럼. 비참했다.

전지적 비트코인 시점 네 가지

그렇다고 손 놓고 있을 순 없었다. 순수한 내 돈이었으면 마냥 망연자실하고 있었을지도 모른다. 그러나 전세금 2억은 무슨 일이 있어도 복귀시켜 놓아야 했다. 그제야 비트코인 관련 책을 사서 읽었다. 비트코인은 사실 몇 가지만 알아도 매력적인 자산임을 알게 된다.

첫째, 공급이 2,100만 개로 고정되어 있다.
둘째, 4년마다 공급이 줄어드는 반감기 사이클에 가격 상승이 이루어
　진다.
셋째, 전쟁이 나도 국경을 자유롭게 넘나들 수 있다.
넷째, 전 세계의 슈퍼 리치들이 투자하고 있다.

지금은 쉽게 설명된 책도 많이 나와 있고, 나처럼 한 번씩 혹독한 반감기 사이클을 겪은 투자자들의 인식도 높아져서 상식

이 된 사실들이, 2020년도만 해도 별로 없었다. 아무런 지식 없이 마냥 오르는 코인에 불나방처럼 뛰어든 거다. 나름 경제학을 공부했다는 사람이 어쩌면 그리 기본적인 이해도 없이 투자에 뛰어들었는지 한심스럽기 짝이 없다.

비트코인을 공부하며 비트코인을 알아갈수록, 비트코인은 나에게 매력적으로 다가왔다. 비트코인의 기술적 혁명을 나열하자면 끝도 없지만, 내가 투자해야겠다고 결론을 내리게 한 핵심 사항은 위의 네 가지다. 나는 '비트코인만큼은 꼭 투자하겠다'라고 마음먹었다.

8천만 원이 넘던 비트코인은 2022년 하반기에 2천100만 원까지 떨어졌다. 우크라이나-러시아 전쟁, 코로나 장기화로 가격은 더 곤두박질쳤다. 그리고 미국의 FTX 거래소(가상화폐 거래소) 파산 소식, 암호화폐 테라·루나 폭락 사태까지 겹치며 온갖 악재에 뒤덮인 비트코인은 악의 화신 같은 취급을 받았다. 세상의 모든 언론은 보란 듯이 비트코인 비난하기에 여념이 없었다.

그러나 비트코인을 제대로 공부해 보니, 2022년 하반기의 폭락 시점이 가장 쌀 때라는 생각이 들었다. **2024년 반감기를 기다리면 또 오를 것이고, 최고점 8천만 원(2022년 상반기 기준)을 넘길 것이다. 2년만 참고 기다리자.**

용기를 내 2천백만 원대의 비트코인을 사 모으기 시작했다. 투자금 3억에서 손해 본 것들을 정리하고 꼴랑 남은 5천만 원으로 비트코인 2.5개를 샀다. 그리고 수입이 생길 때마다 꾸준히 사 모았다.

비트코인은 2024년 5월 현재, 1억 고점을 찍고 횡보 중이다. 공포에 샀던 나의 비트코인 수익률은 진작에 100%가 넘었다. 홀랑 날린 전세금을 다시 채워놓았다. 그러고도 남았다. 휴~~ 이제부터는 나의 경제적 자유를 위한 투자다. 비트코인은 나의 은인이 맞다.

✓ KEY POINT

* 비트코인은 공급이 2,100만 개로 고정되어 있다.
* 비트코인은 4년마다 공급이 줄어드는 반감기 사이클에 주목해야 한다.
* 비트코인은 세계의 부자들이 디지털 자산으로 매수하고 있다.

공급량 딱 2,100만 개에 주목하라

비트코인은 최대 공급량이 2,100만 개로 고정되어 있다. 비트코인은 2009년 최초 발행 이후 2040년까지 정확히 2,100만 개만 발행할 수 있는 한정판 상품이다(2023년 6월 기준 비트코인 채굴 개수는 약 1,940만 개). 이것만 확실히 이해했어도 내가 초기 암호화폐 투자 때 알트코인을 대거 사들이는 어리석은 짓은 하지 않았을 거다.

중학교 사회시간에 배우는 가격에 대해 생각해 보자. 가격은 어떻게 결정되나? 수요(사려는 사람)와 공급(팔려는 물건)에 의해 결정된다. 샤인머스켓이 귀할 때는 가격도 비쌌다. 한 송이에 몇만 원을 호가했다. 요즘은 경쟁적으로 재배하니 공급량이 많아져 가격은 뚝 떨어졌다. 이처럼 공급이 귀할 때 가격이 올라간다.

유명 화가의 미술품도 마찬가지다. 작가 사후 가격이 급등하는 이유는 그 화가가 더 이상 그림을 그릴 수 없기 때문이다. 예컨대 1888년에 고흐가 일곱 번째로 그린 〈해바라기〉는 현재 1,000억 원을 넘어섰다. 투자의 포인트는 세상에 딱 한 점 있는 고흐 작품의 희소성이다.

나이키의 시즌 한정판 신발에 열광하는 것도 그때가 아니면 살 수 없는 것이기 때문이다. 루이뷔통 최초 흑인 수석 디자이너 버질 아블로가 나이키와 콜라보레이션으로 디자인한 '조던 1X 오프 화이트 레트로하이'는 22만 원에 출시되었다. 그러다가 그의 갑작스런 죽음 이후 1,100만 원으로 뛰었다. 가격이 50배 오른 거다.

'신발을 저렇게 비싼 가격을 주고 사?'

이건 투자의 관점이 아니다. 그 신발이 더 우수한 재질로 만들어서, 더 기능이 좋아서, 신고 다니려고 사는 게 아니다. 세상에 몇 개 없는 신발, 희소성에 가치를 두는 사람들의 수요만 있으면 가격은 얼마든지 올라간다. MZ 세대의 스니커테크(한정판 스니커즈 재테크)다.

투자는 이런 안목이 필요하다. 너도나도 살 수 있는 흔하디 흔한 것은 사봤자 가격이 오르기는커녕 더 떨어진다. 일단 공급 측면에서 희소할수록 가격이 올라간다.

공급이 2,100만 개로 고정되어 있는 세상에 유일무이한 비트코인은 투자 가치가 높은 상품일 수밖에 없다.

비트코인이 투자 가치가 있는
지극히 주관적인 이유 3가지

첫째, 이동과 보관이 자유롭다

비트코인은 휴대폰 하나만 있으면 인터넷이 있는 곳 어디서나 사용과 이동이 가능하다. 5천원 이상 소액부터 투자가 가능하고 이동도 보관도 빠르고 간편하다.

금은 인류와 가장 오랫동안 호흡해온 자산이지만 한정판은 아니다. 계속 캐낼 수 있다. 금은 비트코인처럼 일정하게 쪼개기가 쉽지 않고, 갖고 다니기도 무겁다. 순도를 정확히 측정하기도 어렵다.

복잡한 얘기는 제쳐두고 전쟁 나면 국경 넘어 가져갈 수 있는 것들을 생각해 보자.

원화는 어느 나라든 한 트럭을 줘도 안 받을 거다. 아프리카 어느 나라에 전쟁이 났는데 그 나라 화폐를 한 트럭 준다고 하면 받겠는가? 전쟁이 나면 은행 문도 다 닫는다.

그러면 금은 어떨까? 전쟁통에 금을 갖고 다니면 무겁기도 하고, 국경에서 다 뺏길 거다. 집이나 부동산도 전쟁통엔 무용지물이다.

비트코인은 어떤가. 우크라이나-러시아 전쟁에서 이미 입증됐다. 우크라이나의 일부 난민들이 피란 중에 현금 인출이 불가능해지자 USB에 비트코인을 담아 국경을 넘었다는 뉴스가 보도된 적이 있다. 그들은 폴란드에 있는 비트코인 ATM기를 이용해 비트코인을 현금처럼 사용했다.

은행이 필요 없고, 수수료도 없고, 신상 다 밝히면서 나를 증명할 필요도 없고, 휴대전화만 있으면 전 세계 어디서나 쓸 수 있다.

난민들이 외국 은행에 가서 신용카드를 만들 수 있나? 전쟁이 아니라도 다른 나라 가서 신용카드 한 장 만들려면 얼마나 많은 신용과 담보가 필요한지 모른다.

자국민이 아니면 필요한 서류를 갖춰도 타국의 은행에서 신용카드를 발급받는 것은 하늘의 별 따기다. 이를 극복한 비트코인은 지정학적 자산임을 여러 곳에서 입증했다.

둘째, 한정판이다

이 세상에 공급이 고정된 자산이 무엇이 있을까? 유명 화가의 미술품이 있지만 고가다. 아무리 사고 싶어도 수백억을 호가하여 일반인에게는 접근성이 떨어진다. 보관도 이동도 주의를 기울여야 한다.

비트코인은 세상에 없던 시스템에 의해 탄생한 가상화폐란점 때문에 투자하기가 쉽지 않은 면이 있다. 그러나 전 세계 강대국의 중앙정부로부터 온갖 핍박을 받고도 살아남았다. 없애려고 할수록 고개를 들고 솟아오른다. 나름 통쾌하다. 이건 밑으로부터의 혁명 아닌가.

2009년 0원으로 시작한 비트코인이 2024년 3월 현재, 반감기를 앞두고 1억을 호가하고 있다. 이것만 봐도 '비트코인에는 뭔가 있다'라는 생각을 한번 해봐도 되지 않을까?

블록체인이니, 탈 중앙집권적이니, 은행 없이 수평적 연결로 빠르게 전 세계에서 거래가 가능하니 등 비트코인의 그 모든 특

징보다 나를 사로잡은 것은 '고정된 공급량 2,100만 개'다. 이 사실 하나만으로도 나는 확신을 갖고 투자할 수 있었다.

셋째, 전 세계 슈퍼 리치들이 투자하고 있다

전 세계 인구는 약 80억이다. 전 세계의 누구나 어디서든 비트코인을 사고팔 수 있다. 일론 머스크, 빌 게이츠, 잭 도시, 마이클 세일러 등 세계의 부호들부터 기업, 심지어 미국 자산 운용사까지 비트코인 투자의 큰손으로 등장했다.

이제 비트코인은 나의 안전벨트 자산이 되었다. 초기에는 비트코인에 대한 어떤 이해도 없이 뛰어들어 큰 손해를 볼 수밖에 없었다. 투자는 어떤 종류의 것이든 실적이 우수하고 남들이 아무리 좋다 해도, 내가 공부가 되어있지 않고 안목이 없으면 확신이 안 생겨 불안에 견디질 못한다.

경험과 공부가 쌓이면서 비트코인에 대한 이해도가 갈수록 높아지고 있다. 이를 바탕으로 나의 투자 시스템에 의한 적립식 투자를 이어가고 있다. 투자 연수가 쌓이면서 투자 맷집도 좋아졌다. 단 몰빵은 안 한다.

올해 2024년 4월은 네 번째 비트코인 반감기다. 비트코인 반감기란 '비트코인 채굴자들이 받을 수 있는 보상을 절반으로 줄이는 것'을 의미한다. 지금껏 2012년 비트코인 첫 번째 반감기 이후로 4년 반감기 때마다 비트코인 가격이 상승하는 추세를 반복해 왔다. 또 한 번 고점을 갱신할 것으로 예상한다.

2,100만 개의 머니 게임, 비트코인. 인류 최초의 암호화폐, 혁신의 아이콘 비트코인이 여러 우여곡절을 거치며 나의 관심 속에 들어왔다. 초창기 마이크로소프트나 애플에 투자하는 마음이 이런 걸까? 비트코인을 내 여생과 함께하고 싶은 안전벨트 자산으로 삼게 된 걸 감사한다.

실패하는 사람은
보고도 믿질 않아

윈도우, 스마트폰, 그리고 비트코인

54년의 인생에서 25년은 아날로그 삶을 살았고, 나머지 29년은 디지털 삶을 살고 있다. 그동안 인류의 삶이나 가치관을 바꾼 발명품은 무수히 많지만, 투자의 관점에서 세 가지를 꼽으라면, 나는 윈도우, 스마트폰, 그리고 비트코인을 꼽겠다.

세상에 없던 발명품이 세상에 나오면 그것이 아무리 좋고 편해도 기존의 '하던 대로' 방식과 충돌한다. 지금은 인터넷 없는 세상을 상상하기 힘들지만, 인터넷이 나올 때만 해도 지금 생각하면 우습기만 한 일들이 벌어졌다.

내가 대학교 4학년 때쯤 개인용 컴퓨터가 보급되기 시작했다. 워드로 작성한 리포트를 내면 성의 없다고 다시 손으로 써오라는 교수도 있었다. 이메일로 문서를 보내면 불안하다고 팩스로 다시 보내 달라는 회사도 많았다.

마이크로소프트(MS)가 개발한 컴퓨터 운영체제인 윈도우는 전 세계 90%의 개인용 컴퓨터에서 쓰이고 있다. MS는 1986년에 상장됐고, 1주당 가격은 0.10달러였다.

상장 때 MS 주식을 산 후 지금까지 보유하고 있다면, 38년 만(2024년 7월 현재 437달러)에 4,000배 넘는 수익을 거두고 있을 것이다. 물론 상장 초기에 투자하는 건 어려웠다 해도, 어느 정도 실적이 검증된 중간 그 어디쯤에서 투자했어도 높은 수익률을 거뒀을 거다. 아쉽게 나는 투자하지 못했다.

2007년에 애플의 아이폰이 등장했다. 이전의 휴대전화는 통화와 문자가 핵심 기능이었다. 아이폰은 컴퓨터를 전화기 안으로 들여와 휴대폰을 IT 기기의 중심으로 탈바꿈시켰다. 이제 스마트폰 없는 삶은 상상하기 어렵다. 애플은 1980년 상장 후 40여 년 동안 무려 77,000% 상승률을 기록했다.

나는 당시 닷컴(.com) 주식에 대한 이해가 전무했다. 닷컴 버블로 주식이 폭락했을 때 투자하지 않길 잘했다는 위로까지 했다. 거품이 터진 후 옥석이 가려져 오히려 애플, 아마존, 구글, 페이스북 주식은 고공 행진했다.

워런 버핏도 좀 더 일찍 애플 주식을 못 산 걸 후회한다고 할 정도였다. 애플 주식을 한 번도 사본 적 없는 나는, 더 후회한다. 미래 사회에 관한 공부와 이해 그리고 상상력이 부족했던 나는 부의 추월차선을 타지 못했다.

이번 비트코인만큼은 놓치지 않으려 한다. 디지털 시대 탈중앙화를 꿈꾸며 블록체인 계층(레이어1)을 기반으로 구현한 암호화폐 비트코인.

전 세계 국가 중 최초로 비트코인을 법정 화폐로 채택해 의심과 조롱을 받던 엘살바도르가 비트코인 가격이 급등하며 수익률 40%를 기록했다. 이에 힘입어 부켈레 대통령은 대선에서 압도적 표 차로 승리하며 재선에 성공했다.

비트코인으로 벌어들인 추정 수익만 2024년 3월 현재, 1천억 원이 넘는다. 법정통화 도입 후 비트코인을 틈틈이 매수한 엘살바도르는 알려진 것만 2천832개를 소유하고 있다. 비트코인 도입으로 투자 유치, 부정부패의 감소, 관광객 유입 증가 등의 부수 효과까지 나타난 것으로 보고하였다.

2022년에는 중앙아프리카공화국도 비트코인을 법정 화폐로 채택했다. 우크라이나 정부는 전쟁 기부금을 비트코인, 이더리움 같은 암호화폐로 받았다. 암호화폐를 받을 공식 정부 지갑을 만들어 물자 대금을 빠르게 결제했다. 일반 은행에서는 결제에 3일이 걸리는데, 비트코인으로는 10분, 이더리움은 15초 내로 끝난다.

국제 송금을 보면 비트코인의 장점을 더욱 크게 느낄 수 있다. 해외에 살고 있는 가족이나 친구에게 송금할 때 비트코인으로 결제하면 기존의 방식보다 훨씬 빠르고 저렴하게 보낼 수 있다. 환율 계산하며 은행에 비싼 수수료를 낼 필요도 없고, 송금 시간도 엄청나게 단축된다.

비트코인 블록체인 기술은 투명하고 안전한 거래를 가능하게 해준다. 중앙 기관의 개입 없이도 신뢰할 수 있는 시스템을 구축한다.

비트코인은 단순한 투자수단을 넘어서, 새로운 금융 생태계를 일구는 데 중요한 역할을 하고 있다. 앞으로 이 디지털 자산은 빛의 속도로 진화해 나갈 것이다.

투자자와 사용자가 함께 만들어가는 이 생태계에서 나는 더 많이 배울 것이고, 혁신의 흐름에 기꺼이 투자자로서 동참할 것이다.

실패하는 사람은 보고도 믿지 않는다

눈에 보이지 않는다고 믿지 못하는 어리석음은 몇 번이면 됐다. 비트코인을 이해하고 받아들이니 그 가치가 눈에 보인다. 보이니까 주식보다 더 쉽다.

비트코인 4년 반감기 사이클에 맞추는 것도 좋은 투자 방법이다. 여윳돈이라면 급등락에 상관없이 그냥 적금처럼 직립식으로 사 모아 가지고만 있어도 4년에 한 번씩은 급등한다.

비트코인은 주식처럼 내부자 정보로 가격을 쥐락펴락할 수도 없고, 실적을 살필 필요도 없고, CEO의 동태를 살필 필요도 없다.

"내재가치가 없다"라는 식상한 말도 오태민 작가의 《더 그레이트 비트코인》에 나오는 오리너구리 비유 부분을 읽고 속 시원히 해결했다.

오리너구리는 오리의 주둥이에 비버의 몸을 가졌다. 알을 낳지만 젖을 먹인다. 기존의 범주로 이해하면 알을 낳는 짐승은 포유류가 아니니 젖을 먹일 수 없다. 그러니 오리너구리는 '이상한 동물'이다. 오리너구리(비트코인)는 아무 죄가 없는데 말이다.

오리너구리가 발견되고 80년이 지나서야 분류학자들은 '난

생포유류(알 낳는 젖먹이 동물)'라는 새로운 범주를 만들어 오리너구리를 분류했다.

오태민 작가는 이렇게 "'무엇인가?'라는 질문은 과거에 사로잡힌다"라고 날카롭게 비판한다. 비트코인이란 새것 앞에서 옛것으로 규정하려 하니 실체를 부정하는 오류를 범한다. 비트코인은 태생이 그런 것이라고 인정해야 한다.

마윈의 말이 생각난다.

"성공하는 사람은 믿기 때문에 보인다. 일반 사람은 보이기 때문에 믿는다. 실패하는 사람은 보고도 믿지 않는다."

그러나 비트코인을 투자하라고 함부로 권하지 않는다. 나는 혹독한 실패, 이를 극복하고자 용기, 인내, 긴 시간을 담보로 재기에 성공한 경험, 비트코인에 관한 꾸준한 공부로 다져진 소신 등의 합체로 토네이도처럼 휩쓰는 폭락장세와 지루한 횡보장도 견딘다. 전세금 반환 후 2년이 넘는 기간 동안 0.01%의 비트코인도 팔지 않았다. 돈이 생길 때마다 오직 사 모으기만 했다. 확신과 강심장, 적당한 무심함이 필요하다.

비트코인은 변동성이 매우 크다. 하루에도 급등과 폭락을 오가기 때문에 조급함을 느끼면 절대 성공할 수 없다.

암호화폐에 투자하더라도 초보자는 비트코인만 투자하기를
권한다. 비트코인이 급등할 때 옆에서 열 배 스무 배 오르며 불
기둥을 이루는 알트코인의 유혹에 못 이겨 뒤늦게 뛰어들었다
가 실패를 맛보기 십상이다. 참고로 암호화폐 투자자로 유명
한 리얼비전 그룹 최고 경영자, 라울 팔도는 50%는 비트코인,
30%는 이더리움, 10%는 알트코인으로 포트폴리오를 짠다.

나의 비트코인 투자는 우연한 성공, 실패, 대응의 파도를 타
며 혹독한 레슨비를 치렀다. 비트코인 투자는 필수가 아닌 선택
이다. 신중히 선택하기를 바란다.

✓ KEY POINT

* 부의 추월차선을 타려면 미래 사회에 대한 공부와 이해, 그리고 상상력이
  필요하다.
* 비트코인은 디지털 자산이다.
* 성공하는 사람은 믿기 때문에 보인다.

비트코인 투자를 위한 동화작가의 추천 도서 5선

1. 《더 그레이트 비트코인》, 오태민

"비트코인은 오리너구리다"로 시작. 오리너구리는 알을 낳고 젖을 먹이는 동물이다. 포유류인가? 조류인가? 난생포유류라 이름 붙이는 데 80년이 걸렸다. 범주를 만들어 놓고 거기에 낄 자리가 없다고 단정짓는 인간의 오류다. 비트코인도 기존 관념에 사로잡힌 사람들에게 "내재가치가 없어", "눈에 안 보여", "사기야" 등으로 두들겨 맞았다. 태생이 그런 비트코인에 대한 인문학적 통찰이 사려 깊게 담겨있는 벽돌 책.

2. 《비트코인 슈퍼 사이클》, 처리형(신민철)

2024년은 비트코인 탄생 15주년이자, 네 번째 반감기를 맞이하는 해이다. 비트코인 현물 ETF 상장 승인으로 주식시장에서도 비트코인을 살 수 있게 된 호재까지 겹쳤다. 저자는 왜 4차 반감기를 슈퍼사이클이라고 여기며 투자해야 하는지, 비트코인을 어떻게 투자하면 좋을지 등에 대한 전략을 안내한다.

3. 《나는 월급날 비트코인을 산다》, 봉현이형

저자는 비트코인만이 유일하게 '수요가 지속되고 공급이 제한적인 자산'이란 이유로 투자한다. 10년 가까이 월급날 비트코인을 적립식으로 투자한 저자는 "초보자는 오직 비트코인만 적립식으로 사 모을 것"을 강조한다. Q&A 형식으로 비트코인의 본질, 매수 방법, 보관법까지 초보자들이 알기 쉽게 정리했다.

4. 《리얼 머니, 더 비트코인》, 이장우

저자는 인플레이션 헤지 수단으로 비트코인의 장기 적립식 투자를 권한다. 디지털자산솔루션 기업의 대표인 저자는 적립식 투자 시스템을 구축해 투자자들이 쉽게 이용할 수 있게 만들었다. 비트코인에 대한 과거, 현재, 미래를 살필 수 있다.

5. 《비트코인 사용설명서》, 백훈종

저자는 비트코인 맥시멀리스트다. 비트코인을 돈의 네트워크 관점으로 풀어낸다. 저자에 따르면 "비트코인은 가장 강력하고 오래된 가치 전달 네트워크"다. 저자는 "비트코인 네트워크가 본격적으로 대중화되기 전까지 조용히 비트코인을 모으자"라고 권한다. '돈의 인터넷'이 불러올 변혁의 물결에 올라타라는 메시지가 근거 있게 다가온다.

PART 7

부의 여정은 나를
존중하는 일이었다

당신은 당신이란 이유만으로도
사랑과 존중을 받을 자격이 있다.
우리는 누구나 당당한 인간이다.

-앤드류 매튜스

Simple is Best,
단순한 게 최고지

내 삶을 관통하는 한 문장이 있다.

Simple is Best.

교육방식, 취미생활, 인테리어, 음식, 인간관계 등 모든 면에서 나는 단순한 걸 좋아한다. 이것도 하고 싶고 저것도 하고 싶은 욕심을 비워내고 한 가지에 집중할 때 사물의 본질과 핵심에 맞닿는다. 그 핵심에 인생의 목적과 해결책이 있다.

하버드대 경제학 교수인 마이클 포터는 "전략의 본질은 무엇을 하지 않을지를 선택하는 것"이라 했다. 진정 내가 원하는 것을 이루기 위해서는 나머지 것들을 쳐내야 한다.

2020년의 내 투자는 심플하지 않았다. 업비트(코인거래소) 계좌를 열면 우후죽순 매수한 알트코인이 수십 개는 넘었다. 24시간 연중무휴 풀가동하는 코인 시장과 함께, 잠 못 이루며 붕 떠 있는 날들을 보냈다. 매일 각성제를 먹어 흥분 상태에 있는 사람 같았다.

다행인 건, 아니 진짜 잘한 건 쪼그라든 계좌를 보고 절망에 빠져 포기하거나, 손해 본 걸 당장 메꾸려고 허둥지둥 덤비지 않았다는 거다. 열매가 썩었으면 눈에 보이지 않는 뿌리에 문제가 있는 거다. 뿌리의 문제를 찾기 위해 나는 마음속부터 살폈다.

'무엇을 위해 이런 투자를 했지?'

내 투자 행위에 근본적인 질문을 던졌다. 그리고 부에 관한 공부를 시작했다.

행동하지 않는 열망은 허상일 뿐이야

왠지 모를 선입견으로 평생 읽지 않던 자기계발서, 부의 마음가짐 등에 관한 책들을 카페 한구석에 앉아 하루종일 읽어나갔다. 조셉 머피, 나폴레온 힐, 밥 프록터의 책들은 불안에 떨던 나의 마음에 평화와 희망을 줬다.

부를 이루려면 제일 먼저 해야 할 일은 '생각'을 심는 것이다. **'나는 당당하게 부를 받을 자격이 있는 존재라는 생각'**, **'나의 부는 이미 이루어졌다는 생각'**을 잠재의식에 심는 일이 먼저였다.

50년 넘게 하지 않던 일이라 잘 따라 하다가도 문득문득 의심과 회의가 들어왔다. 그럴 때마다 내 의지와 의견을 내려놓았다. 하라는 대로 긍정 확언하고, 포스트잇에 써서 여기저기 붙여 놓고, 자주 소리 내 읽으며 잠재의식에 부를 이룬다는 생각의 씨앗을 심으려 노력했다.

백억짜리 수표를 사서 지갑에 넣고 다니고, 식구들과 지인들에게도 선물로 줬다. 할 수 있는 건 마음을 다하여 했다. 절실함은 변화를 빨리 이끈다.

신기하게도 빈털터리인 상황은 마찬가지인데, 마음이 풍요로워지니 짜증과 근심은 어디론가 사라지고 여유가 생겼다. 이미 이루어졌다는 느낌은 감사의 마음으로 이어졌다. 모든 것에 진심으로 감사했다.

부정의 말이 나오려고 하면 잠시 멈춰 '어떻게 긍정으로 표현할 수 있을까'를 생각해보고 말했다.

매일 "투자에 성공해 전세금을 돌려주고도 5억이 남았어, 고마워"라고 확언하니, 내 잠재의식은 성공을 향해 작동하고 있었나 보다. 그 확언은 불과 2년 후 놀랍게도 일부는 사실이 되어 전세금을 갚고도 남았다.

부정적인 잠재의식은 나의 부족함만 보게 하고 나를 부정으로 이끈다. 나에게 마음으로 부를 끌어당기는 시간이 없었다면, 현실이 우울해서 한숨만 팍팍 쉬었을 거다. 그 힘든 시간을 충만과 기쁨으로 보냈으니, 잠시의 투자 실패는 나에게 인생 선물을 준 셈이다.

찰리 멍거, 필립 피셔, 피터 린치, 존 보글 등 투자의 대가들이 쓴 책도 다시 마음잡고 읽었다. 대가들이 쓴 '부'에 대한 자기계발서나 투자서에는 공통점이 있다. 돈 버는 법, 좋은 주식 고르는 법, 챠트 보는 법 등에 관한 이야기는 전혀 없다. 기본을 강조할 뿐이다.

가장 단순하게 실천할 수 있는 것을 추리고, 그대로 따랐다. 행동하지 않는 열망은 허상일 뿐이다.

겸허하게 모아가라

다시 일어서기로 한 2022년은 주식이든 비트코인이든 쑥대 밭이었다. 지금 돌아보면 "공포에 매수하라"가 정답이지만, 내 계좌가 이미 반의 반토막이 난 상태에서 '공포에 매수'하는 게 보통의 심장으로는 하기 어려운 일이었다. 겁났다.

포트폴리오를 단순화했다.

나의 구세주 삼성전자 우선주 500주를 계좌에서 발견하고, 일단 1,000주까지 모으기로 했다. 2022년 당시 삼성전자(우)는 4만 원대(이 글을 쓰는 2024년 4월은 6만 원대 후반)였다. 혹시나 다른 종목에 유혹당할까 봐 자동 매수로 걸어놓고 SNS에 인증까지 하며 일관성을 유지했다.

비트코인을 공부해 보니 투자 가치가 있다는 확신이 생겼다. 원금 3억에서 달랑 남은 5천만 원은 비트코인에만 투자하기로 했다. 다음 반감기는 2024년 4월. 2년 남았다. 당시는 '크립토 윈터'라고 불리는 투자 혹한기였다. 반대로 생각하면 가장 싸게 살 좋은 기회였다.

그렇지만 자라 보고 놀란 가슴 솥뚜껑 보고 놀란다고, 아무리 확신이 있어도 투자의 세계에서 보장은 없는 거다. 비트코인에 다시 투자하기가 제일 힘들었다. 전세금이 아닌 내 돈이면 주저 없이 샀을 거다. 투자는 여유자금으로 해야 한다는 걸 두 번, 세 번 깨달았다.

"Stay humble. Stack SATS." (겸허하게 모아가라.)

세계의 기업 중에서 비트코인을 가장 많이 보유하고 있는 마이크로스트래티지의 최고 경영자 마이클 세일러의 말이다. 그는 "애플은 모바일 네트워크, 구글은 검색 네트워크, 페이스북은 소셜 네트워크, 비트코인은 돈의 네트워크"라고 설명한다. 세일러는 초기에 애플과 구글, 페이스북에 투자해 큰돈을 번 억만장자로, 기술과 네트워크를 잘 이해하는 경영자다.

비교하기는 그렇지만 마이클 세일러는 나보다 늦게 비트코인을 발견하고 더 비싼 가격에 투자했다. 나도 그의 말처럼 겸허하게 비트코인을 사고 모아갔다. 오르거나 말거나 요란 떨지 않고, 올랐다고 자랑하지 않고, 그냥 묵묵히 비트코인에 투자했다.

비트코인은 수익률보다 수량이 중요하다. 10억에서 추락해 남은 5천만 원으로 비트코인 2.5개를 매수하고, 돈이 생길 때마다 5천 원어치라도 계속 매수했다. 지금은 1개에 1억 정도 하니 저점에 매수하는 게 맞다는 걸 또 실감한다.

심플한 투자가 부의 그릇을 크게 해준다

투자는 이렇게 시총 1위 주식인 삼성전자(우) 자동 매수와 비트코인 2.5개 매수 후 다음 반감기 기다리기, 두 가지로 단순하게 세팅해 놓고 나는 생업에 충실했다.

글 쓰는 일에 집중했다. 공모전에 도전해 아동문학상(목일신 아동문학상)에 당선되어 상금 천만 원을 받았다. 살면서 가장 기쁘고 영광스러운 일 중의 하나다.

수상 후 역사 동화 《소녀, 조선을 달리다》로 출간되었다. 다음해인 2023년에는 국내에서 발간되는 우수 문학 도서를 선정하여 보급하는 문학나눔도서에도 선정되어 한 번 더 기쁨을 주었다. 효자가 따로 없다. 작가 인생에서 한 번쯤 받고 싶은 상을 받으니 내 인생에도 이런 일이, 하는 심정이 들었다.

내 책 《50, 우아한 근육》을 인상 깊게 읽은 클래스101(온라인 교육 플랫폼)의 한 피디가 강의를 제안해 왔다. 〈50, 인생 후반전을 좌우하는 '우아한 근육' 만들기〉란 주제로 강의안을 작성하고 중년을 위한 운동과 마음가짐에 대한 대본을 70개 이상 직접 만들어 촬영했다.

젊은 피디들과 함께한 작업에서 그들의 감각과 트렌드를 배웠다. 나는 콘텐츠를 만들어 강의만 하면 되고, 나머지 촬영, 장소 섭외, 정산 등 모든 것은 플랫폼에서 알아서 하는 구조였다. 달마다 수익 정산이 칼같이 되어 통장으로 들어왔다.

잡혀있던 강의도 코로나 때문에 취소되는 마당에 대기업에서 강연이 들어왔다. 강연료를 얼마로 책정하면 좋겠냐는 질문에 내 깐에는 용기를 내어 큰 액수를 말했는데, 너무나 흔쾌히 받아들였다. 원고 청탁도 들어와 칼럼도 썼다.

방송 출연 제안도 꾸준히 들어왔다. 출연료도 인상되었다. 방송은 에너지 소비가 너무 커 일 년에 두세 번 정도로 조정하는데 흔쾌히 받아줘서 감사하다.

아등바등하지 않아도 일이 끊임없이 들어오고, 돈이 흘러들어왔다. 그리고 10%는 황금거위통장에 따로 떼어 놓고, 내가 공부하고 선택한 종목(삼성전자, 비트코인)을 수입이 생길 때마다 계속 샀다.

성공과 경제적 자유를 얻은 모습을 강하게 상상할수록 그 상상이 스며들어 실현됐다. 나의 도전이 성공할 때마다 어디서 본 듯한 데자뷔 현상 같은 걸 느꼈는데, 내 잠재의식에서 이미 실현된 거였기 때문이라는 걸 깨달았다.

삼성전자와 비트코인은 내가 투자한 2022년부터 2년 동안 최고치를 경신해 전세금을 무사히 회복했다. 세입자에게 전세금을 전달하고 나니 마음 한켠에 자리잡은 무거운 돌덩어리가 치워진 느낌이었다.

홀가분, 안도감, 해냈다는 성취감까지 복합적인 감정이 뒤범벅됐다. 재테크를 위한 이사는 그만하자며 내 집으로 돌아왔다. 돈은 자리를 옮긴다고 모이는 게 아니다. 오히려 한 장소에 진득하니 붙어 있어야 한다.

내 종잣돈은 실패와 성공의 경험을 거치며 이제는 조금 더 커져 있다. 현재는 맘 편히 VTI ETF와 비트코인에 일정 금액 자동 매수를 걸어놓고, 거래소 앱을 스마트폰에서 지우고 글쓰기에 매진한다. 주식은 10년 위기설이 나올 2027년쯤부터 열어 볼 거다. 단순한 투자가 나의 부의 그릇을 크게 해준다.

✓ KEY POINT

* Simple is best. 단순한 게 최고다.
* 한 가지에 집중할 때 사물의 본질과 핵심에 맞닿는다.
* 단순한 투자가 부의 그릇을 크게 한다.
* 자산은 겸허하게 모아가는 것이다.

독서: 독서 없이 부자 없어

인생의 문제 앞에서 나는 늘 책을 찾았다

인생의 중대한 문제에 직면할 때, 나는 늘 책을 찾는다. 변화와 성장이 필요할 때 해답을 주는 건 언제나 책이었다. 목표 달성을 위해서라면 아무 책이나 읽으면 안 된다. 목표와 관련된 책을 읽고 공부해야 한다.

동화작가가 목표였을 때는 3년 동안 주야장천 동화만 읽었다. 하도 동화책을 읽으니, 착하게 살겠다는 말을 남편이 할 정도였다. 목표를 세우고 5년이란 시간이 흐른 후, 53세에 결국 동화작가가 되었고, 지금은 여러 분야에 도전하며 여덟 권의 책을 출간했다.

갱년기 우울증에서 오는 무력감을 극복할 때도 책에서 답을 찾았다. 다양한 직업군의 사람들이 슬럼프를 극복한 이야기에는 항상 운동이 있었다. 오십에 운동을 시작하여 피트니스 대회까지 출전하며 무력감을 이겨냈다. 이 경험을 바탕으로 쓴 《50, 우아한 근육》을 읽고 많은 분이 위로와 도전할 수 있는 용기를 얻었다는 편지를 많이 받았다. 보람 있는 순간이다.

마찬가지로 부자가 되고자 마음먹었다면 부에 관한 책을 보고 공부하며 방법을 찾아야 한다. 김승호 회장은 《돈의 속성》에서 "돈을 벌고 투자하는 것도 노력하고 배우고자 공부해야 한다"라고 강조한다. 그는 "3개월 이상, 100일 만이라도 꾸준히 하면 본질이 바뀐다"라며 지속적 공부를 권했다.

인터넷 정보나, 유튜브는 순간적 동기부여나 자극은 될 수 있지만, 그때뿐이다. 나의 사고와 깨달음이 들어갈 여지가 없기에 행동하며 변화를 일으키고 꾸준히 실천으로 이어지기는 어렵다.

성공, 부자, 돈에 대한 진정한 고찰

경제적 자유를 이루겠다는 목표를 세우고는 해결책을 찾기 위해 책을 골랐다. '읽고 싶은 책'이 아니라 '읽어야 한다고 판단한 책'을 읽기로 작정했다. 의도적 책 읽기다.

제목에 '돈', '부자'가 들어간 책은 일부러 피하고 멀리했는데, 그런 제목이 붙은 책들을 사들였다. 내가 급했다. 50세가 넘으니, 인생의 급행열차를 탄 듯 시간은 빛의 속도로 흐르고 있다.

주택대출금 이자도 꼬박꼬박 내야 하고, 연로한 부모의 생활비와 병원비도 대야 하고, 세 아이의 교육과 결혼도 남아있다. 오십이 넘어가니 나 자신도 여기저기 탈 나는 곳이 많아져 병원에 자주 간다. 벌어서 쓰기 바쁜 삶을 이어가고 있다.

속는 셈 치고 52세에 처음으로 자기계발서를 집어 들었다.

'부자 되는 공식이 있다고?'
'백만장자로 가는 비밀이 있다고?'
'그런 게 있으면 세상 사람들 다 부자 됐게?'

책을 읽으면서도 반신반의했다. 성공학의 고전으로 꼽히는 몇 가지 책을 선정했다. 《생각하라, 그리고 부자가 되어라》, 《잠재의식의 힘》, 《시크릿》, 《부자의 언어》 등 출간된 지 수십 년이 흐르도록 스테디셀러를 유지하고 있는 책부터 읽어나갔다.

오호, 읽다가 나의 얄팍한 지적 오만함으로 자기계발서를 꺼렸던 지난날에 엄청난 반성과 후회가 몰려왔다. 자기계발서는 심심풀이 땅콩 책이 아니었다. 거기에는 성공, 부자, 돈에 대한 진정한 고찰이 있었다. 심리학, 경영학, 양자역학 등 풍부한 이론적 근거에 따른 연구가 있었고, 거대한 부를 이룬 슈퍼 리치들의 사례들에서 뽑아낸 공통점이 명쾌하게 정리되어 있었다. 책은 "사실이야, 이렇게 하면 행복한 부자가 될 수 있어" 하고 친절하게 알려주고 있었다.

아이러니한 것은 이들 책이 부를 다루고 있음에도, 돈 버는 얘기는 하나도 없었다는 점이다. 30대, 아니 40대에라도 읽었다면 부에 대해 이렇게 무지하지는 않았을 텐데…. 이유 없이 부자들을 싫어하고, 은연중에 '돈은 나쁜 것', '많으면 큰일 나는 것' 같은 선입견만 가득했던 나에게 돈이 흘러들어와 쌓일 일이 만무했다. 부는 돈이라고만 생각한 얕은 생각의 결과였다.

돈 공부는 우리를 둘러싼 세계를 공부하는 것

돈에 대해 배우지 않으면, 자본주의 사회에 살고 있으면서도, 자본이 일하게 하는 시스템을 이해하지 못한다. **돈을 공부하는 것은 우리를 둘러싼 세계를 공부하는 것이다.** 세상을 구성하고 있는 것에 대한 관심이 필요하다.

경제적 자유를 얻으려는 노력은, 건강한 신체를 유지하기 위한 노력과 비슷하다. 꾸준히 운동해야 건강한 신체를 유지할 수 있는 것처럼, 꾸준히 부자 되는 습관을 유지해야 경제적 자유가 가능하다.

세상 모든 이치가 그렇듯 부 역시 음과 양의 조화다. 사랑, 감사, 긍정 등의 마음과 돈, 자산 등의 물질이 조화를 이뤄야 행복한 부자가 될 수 있다.

부자들은 모두 책을 읽는다. 3년 후, 10년 후의 세상을 알고, 경제의 흐름을 이해하기 위해서 지독하게 읽는다. 책을 읽는다는 것은 끊임없이 뭔가를 배운다는 것이다.

돈에 관심이 없으면 돈도 내게 관심을 주지 않는다.

"돈은 중요한 게 아니야." 정말인가? 남편, 아내, 남친, 여친에게 "넌 중요하지 않아"라고 말하면 당신 곁에 어느 누가 남아 있겠는가.

'돈'도 마찬가지다. 사랑이 우리를 살아가게 하지만 사랑이 병원이나 집을 지어주지 못한다. 사랑으로 가스요금을 낼 수 있는가? 은행에 가서 사랑을 저금할 수 있는가? "돈이 있어야 좋은 일을 더 많이 할 수 있다"며, 《백만장자 시크릿》의 하브 에커는 돈에 대한 긍정적 마음가짐을 강조한다.

부자란 정서적, 경제적, 사회적으로 안정적인 사람이다. 돈만 좇는 불행한 부자가 목표가 아니다. 내가 하고 싶은 것에 도전하고 성공해서 많이 벌고, 나누며 끊임없이 나를 계발하는 부자를 꿈꾼다.

책은 부에 대해 아무것도 몰랐던 나에게 시스템을 가르쳐주고 방향을 제시했다. 이를 실행할 다양한 아이디어도 줬다. 질적인 변화는 양과 시간에 비례한다. "인생을 바꿀 가장 위대한 비책은 독서"라는 워런 버핏의 말을 깊게 새기며, 오늘도 책을 편다.

✓ KEY POINT

* 목표 달성을 위해서라면 목표와 관련된 책을 읽고 공부해야 한다.
* 질적인 변화는 투자한 양과 시간에 비례한다.
* 돈 공부는 우리를 둘러싼 세계를 공부하는 것이다.
* 부는 음과 양의 조화다. 마음과 물질이 조화를 이루어야 행복한 부자다.

[부의 필수템②]

운동: 운동 없이 부자 없어

하루에 30분씩 일주일에 4번 운동하는 이유

운동하는 동화작가. 독자들이 지어준 나의 별명이다. 이 별명으로 나는 빼도 박도 못하고 운동해야 하고 동화를 써야 한다. 오십에 찾아온 갱년기 우울증으로 무력감에 시달리다 피트니스 대회까지 도전하며 운동으로 극복해 낸 이야기를 책으로 썼으니, 나에게 운동의 중요성은 두말하면 잔소리다.

최근에 부자와 운동에 관한 흥미로운 연구 결과를 읽었다. 작가 톰 콜리는 그의 저서 《부자 습관》에서 "5년간 233명의 부자를 관찰한 결과 부자들은 평균적으로 하루에 30분씩 일주일에

4번 운동한다"라고 적고 있다.

부자들은 건강한 몸이 경제적인 이익과 관련 있다는 것을 분명히 알고 있다. 운동 습관은 당연히 건강에 도움을 주지만, 하루의 업무 생산성에도 큰 영향을 준다. 이렇게 높아진 생산성은 부의 확장으로 연결된다.

메타 CEO 마크 저커버그는 자신의 페이스북 계정을 통해 "모든 일을 하는 데 있어서 에너지가 필요하다. 몸 상태가 좋아지면 더 많은 에너지를 얻을 수 있다"며 반려견과 함께 달리기를 즐긴다고 밝혔다.

스쾃 1개, 사이클 1분, 윗몸 일으키기 1개

55세가 된 지금, 몸이 또 다름을 느낀다. 세월은 나에게 과격한 운동에 대해 경고한다. 나는 갱년기에서 얼른 벗어나고 싶은 초조한 마음으로 운동을 시작했고, 100일 만에 피트니스 대회를 나갔으니, 운동을 시작하자마자 프로 무대에 선 셈이다. 걸음마도 채 떼기 전에 억지로 달리기를 한 꼴이다.

운동 강도가 엄청나게 셌던 건 말해 뭐하랴. 그래서 '운동은 그 정도 강도로 매일 해야 한다'라는 강박이 생겼다. '운동은 세게, 오래, 매번 나 자신을 이기는 마음으로 해내는 것'으로 생각하니 늘 부담이 되고 벅찼다. 그러다 보니 꾸준함도 사라졌다.

최근에는 무릎에 염증이 생겨 절뚝거리며 다닌다. 이틀에 한 번꼴로 치료를 받은 지 5개월인데, 낫지 않는다. 의사는 20kg씩 어깨에 둘러메고 하는 무리한 스쾃을 금지했다. 연골이나 척추에 무리가 가는 운동은 다 제외다. 그렇지만 운동은 꼭 해야 한다고 신신당부한다. 가랑비에 옷 젖듯이 사부작사부작할 수 있는 틈새 운동을 권했다.

그래서 2분 규칙을 정해놓고 운동한다. 내가 할 수 있는 작은 행동으로 내가 진짜 원하는 목표에 다가갈 수 있도록 습관을 만드는 거다. 부의 습관이다.

2분은 내 삶의 유용한 도구다. 스쾃 1개, 사이클 1분, 윗몸 일으키기 1개, 어떤가? 할 만하다는 생각이 들지 않는가? 부자가 된다는데 2분 정도는 투자해 볼 만하지 않은가? 시작하면 길이 보인다. 시작을 쉽고 짧게 하자. 나머지는 알아서 따라올 것이다. 사이클 1분이 20분으로, 스쾃 1개가 10개, 20개로 저절로 늘어나는 기분 좋은 운동을 하게 된다.

주말에는 산책한다. 산책 혹은 산보는 말 그대로 생각이나 걸음을 가볍게 흩트리는 행위다. 산책은 모든 주도권이 외부에서 나에게로 돌아오게 한다. 몸을 옮기면서 생각의 주인이 된다.

일이 많아 스트레스를 받을 때 잠깐의 산책을 하며 온전한 나만의 휴식 시간을 가져보자. 책상 앞에서 끙끙대거나, 침대 위에서 우울해하며 뒤척거리기보다 30분의 산책이 나에게 반짝이는 아이디어와 해결책을 가져다줄 수 있다.

산책은 치매 예방에도 도움이 된다. 에릭손 교수는 "걷기는 뇌에 에너지를 공급해 뇌 기능 퇴화를 막아준다"며 틈날 때마다 걷기를 강조했다.

산책하면 창의적인 생각이 떠오른다. 나는 원고를 수정하고 완성할 때 산책의 힘을 빌린다. 수정에 수정을 거듭하다 보면 처음에 내가 뭘 썼는지 모르게 초고는 너덜너덜 어디론가 사라지는 경우가 많다. 책상에서 끙끙거리고 두어 시간 붙어 앉아 한 장도 못 쓸 때 성질이 올라오며 머리가 뜨거워진다.

이때 밖으로 나간다. 천천히 산책하면 신기하게도 마음이 확 가라앉는다. 머리를 식힌다는 말을 실감한다. 글 속의 인물들이 살아 움직이는 상상을 하며 어려움을 풀어나간다.

뇌과학의 권위자인 산디만 박사는 "걸을 때는 두뇌가 휴식을 가짐으로써 오히려 놀라울 정도로 활발한 활동을 한다"고 밝혔다. "평화로운 뇌는 서로 다른 생각들을 다양하게 연결하고 잠재력을 발산할 수 있게 한다." 자유로운 아이디어와 문제해결 방법이 나온다.

애플의 창업자 스티브 잡스는 걸으면서 회의하고 면접도 하며 중요한 일을 처리한 것으로 유명하다. 철학자 아리스토텔레스는 학교 주변의 나무 사이를 산책하며 제자들과 이야기하고 토론했다. '자유롭게 이리저리 슬슬 거닐며 돌아다닌다' 하여 소요학파라 불렀다.

산책은 휴식이자 운동이다. 산책하고 와서 기분 나빠졌다는 사람을 본 직이 없다. 산책은 자기 정체성을 강화하고 긍정적으로 나아갈 수 있는 방법이다.

운동은 신체적 · 정신적 건강을 위한 유일한 도구

워런 버핏은 투자뿐 아니라 몸을 가꾸는 것에 대해서도 조언한다. 만약 당신에게 차가 하나 있고, 평생 그 차만을 타고 다닐 수 있다고 가정해 보자. 당신은 정성을 다해 차를 아낄 것이다. 작은 흠집 하나도 바로 메꾸고, 설명서도 열심히 읽을 테고, 매일 창고에 조심히 주차해 둘 것이다.

당신은 평생 몸 하나와 정신 하나만을 갖고 산다. 나이 들어서 관리하려 하면 너무 늦다. 낡고 녹슬어서 아무것도 할 수 없을지도 모른다.

슈퍼 에이저(super ager)가 늘어나고 있다. 80세 이상이지만 뇌 나이는 50대 정도로, 본인의 실제 나이보다 훨씬 젊은 수준의 기억력과 인지 능력을 갖춘 사람들을 말한다. 80살이 넘었는데도 열심히 일하고 사회에 이바지하는 사람들이 많다. 투자의 귀재 워런 버핏(93), 조지 소로스(93), 가천대 이길여 총장(91) 등을 꼽을 수 있다. 건강한 부자는 80세가 넘어도 인생 후반기를 즐겁고 활기차게 보낼 수 있다.

운동은 신체적 · 정신적 건강을 만드는 유일한 도구다. 성공적인 삶에 필수 아이템이다. 인생의 어려움과 고통은 운동을 통해 길러진 체력으로 극복해야 한다. 몸이 가벼우면 마음도 가벼워진다. 몸을 위한 움직임으로 부의 습관을 또 하나 추가해 보자.

✓ KEY POINT

* 운동은 성공적인 삶을 위한 필수 아이템이다.
* 운동 습관은 업무 생산성을 높인다. 높아진 생산성은 부의 확장으로 이어진다.

몰입: 몰입 없이 부자 없어,
하나에 집중해

한 가지에만 집중하는 강도 높은 몰입

52, 53, 54.

횟수로 벌써 3년째. 부자 공부를 시작해 몰입한 나이다.

부자 공부해서 부를 이뤘냐고? 후후, 대가들의 책을 읽으며 책으로 읽은 것을 실천하고, 새로운 부의 세계를 탐험하며 부를 쌓아가고 있지만, 부를 이뤘는지는 모르겠다. 그런데 부자 공부해 보니 일단 마음이 여유로워져 좋다.

긍정, 희망, 감사, 존재에 대한 인정, 사랑, 풍요 등의 씨앗을 잠재의식에 심어 싹을 틔우고 있는 건 분명하다. **부의 흐름이**

내 쪽으로 오고 있는 걸 확실히 느낀다. 물질적 자산도 3년 전에 비해 아등바등하지 않아도 잘 쌓이고 있다.

몰입의 힘을 믿는다. 몰입은 자신을 레벨업시키는 힘이다. 사실 몰입의 과정은 고통스럽다. 도전해야 할 과제가 쌓여 있고 심지어 어렵다. 하나를 해결하면 또 다른 어려운 과제가 나타난다. 이 정도면 됐지, 하고 멈추는 순간 배움은 끝난다.

몰입은 삶에서 몇 번 만나기 힘든 '최고의 나'를 만나게 해준다. 때로는 365일 천천히, 조금씩, 꾸준히보다, 두세 달간 한 가지에만 집중하는 강도 높은 몰입이 훨씬 좋은 성취를 준다.

끝까지 완주한 경험이 왜 중요할까

다양한 장르의 글에 도전하며 50세부터 책을 일 년에 한 권씩 낸 비결 역시 몰입이다. 쓰고자 하는 글감이 생기고 책으로 만들고 싶으면 칩거에 들어간다. 강연이나 방송 등 외부 일정을 거의 잡지 않는다. 친구와의 만남도 잠시 뒤로 미룬다. 문화생활도, 여행도, 맛집 탐방도 안녕이다.

집중이 잘 되는 장소를 선택하고 가방, 신발, 옷도 매일 똑같다. 머리를 질끈 묶고, 세수도 눈곱만 겨우 떼고 수험생 가방처럼 무거운 걸 들고 똑같은 장소에 간다. 그리고 쓰든 말든 온종일 앉아 있는다. 엉덩이의 힘으로 쓴다는 걸 믿으며. 몰입 시간이다.

책꽂이에 꽂혀있는 출간된 내 책들을 보면, 끙끙거리며 글을 쓰던 장소가 떠오른다. 이 에세이는 OO 카페에서, 이 부자력은 OO 도서관에서, 이 동화는 OO 스터디 카페에서 썼지…. 영혼을 갈아 넣으며 조용히 고통을 감내하던 장소는 책 계약과 동시에 더 이상 가지 않는다. 힘들었던 시간의 장소라 그런지 발걸음이 옮겨지지 않는다.

포기하지 않고 끝까지 완주한 경험은 나를 새로운 사람으로 만든다. 어지간한 도전은 두렵지 않다. 버티면서 끝까지 하면 된다는 걸 알았으니까.

가끔 일도 하고, 골프도 치고, 여행도 하고, 다양한 취미생활을 하면서 책을 내는 작가들을 보면 부럽다. 뭔가 시작하면 결과를 내기까지 한 개만 파고들어야 직성이 풀리는 성격 때문에 새로운 것에 눈 돌리는 게 어렵기만 한데, 능력자들이다. 취미로 골프 치는 후배 작가가 우스갯소리로 그런다.

"언니가 골프 배우면 프로에 입문하는 거 아냐?"

늦게 작가의 길로 들어선 만큼 열 권의 책을 낼 때까지는 최대한 글 쓰는 일에만 집중하겠다고 결심했다. 영어 회화도 배우고 싶고, 볼링도 치고 싶고, 셔플댄스도 배우고 싶은데 참는다.

시작하면 잘해야 하고, 잘하려면 시간을 투자해서 많이 연습하는 몰입의 시간을 가져야 하는데, 글쓰기와 영어, 글쓰기와 셔플댄스, 글쓰기와 볼링처럼 둘 다 잡을 자신이 없다.

힘을 분산하면 어떤 것도 성취할 수 없어

부자 공부를 시작했으니, 부에 관한 책만 읽는다. 몰입 독서를 하다 보니 나 혼자 알기는 아까운 내용이 많아 우리클(우아한 리치 북클럽)이라는 독서 모임까지 만들어 함께 토론하며 좋은 에너지를 나눠 갖는다.

6개월 정도는 기존의 부에 대한 나의 사고방식이 얼마나 잘못됐고, 앞으로 이렇게 하면 잘될 거라는 열망으로 끓어올라 열심히 한다. 1년쯤 되면 아무리 좋은 내용의 책 읽기도 고비가 온다. 돈이 쌓이는 것도 아니고, 엄청난 결과가 나오는 것도 아니고, 마음도 시들해진다.

책 내용도 비슷비슷하고, 하라는 대로 하는데 생활에 큰 변화는 없다. 이것 때문에 미뤄둔 다른 책도 읽고 싶고 지루한 나날의 연속이다. 독서클럽 멤버도 하나둘 떠나기 시작한다. 부의 마인드셋에 고비가 오는 것이다.

어떻게 해야 할까, 고민하던 중 최성락 저자가 쓴《나는 자기계발서를 읽고 벤츠를 샀다》에서 해결책을 얻었다. 저자는 토익과 영어 회화 공부를 예로 들며 부를 쌓는 공부에는 절대적인 시간이 필요함을 지적한다.

그는 우리가 영어 회화를 못 하는 이유는 영어학원을 2년 이상 다니지 않아서란다. 그리고 보니 주변에 영어학원 다닌다는 사람은 많이 봤지만 2년 이상 꾸준히 다닌 사람은 거의 못 봤던 것 같다.

토익은 몇 개월 동안 열심히 공부하면 점수를 올릴 수 있다. 지식을 쌓는 건 2~3개월에도 가능하다. 하지만 영어 회화는 새로운 습관을 들이는 것이고, 새로운 사고방식을 습득하는 일이다. 서서히 변화가 일어난다. 2년은 그런 변화에 필요한 최소한의 절대 시간인 셈이다.

부의 사고방식은 딸딸 외워서 갖출 수 있는 게 아니다. 감사, 긍정, 겸손, 배려 등 부의 사고방식을 몸에 각인시켜 행동으로 만들어야 하는데, 잠깐 달달 외운다고 눈 뜨면 이 닦고 세수하는 것처럼 자동으로 되지 않는다.

다이어트도 마찬가지다. 잘 빠지다가도 어느 순간 정체기가 온다. 삼시 세끼 규칙적인 식단으로 먹고, 운동도 빡세게 하는

데 체중이 꿈쩍도 안 한다. 힘들어 때려치우고 싶다. 정체기다. 사실 정체기는 반가운 손님이다. 어느 정도 체지방이 빠진 사람한테만 오는 특권이다. 이때 그만둔다면? 말짱 도루묵이다. 그동안의 노력이 물거품된다.

"부에 관한 책 몇 권 읽고 부자가 될 수 있다는 말은 다이어트 책 한 권 읽으면 살 뺄 수 있다거나, 단기 속성으로 수능 100점을 받을 수 있다는 것과 똑같다"는 최성락 작가의 말에 크게 고개가 끄덕여진다.

그 역시 자기계발서로 삶을 변화시켜 그 변화의 결과를 얻기까지 100권이 넘는 책과 4년의 세월이 걸렸다고 한다. 그러고 나서야 목표로 삼았던 '벤츠 사기', '타워팰리스에서 살아보기'를 이뤘다고 한다.

결론은 하나다. 내 목표가 달성될 때까지 계속하는 거다. 내 마음에 흡족한 부자가 될 때까지 계속 몰입하는 거다. 부의 방향성을 정하고 나에게 맞는 부의 시스템을 만들 때까지 계속 몰입해야 한다.

모든 일의 마지막 목표는 생산성이다. 공들여 쓴 동화는 초고에서 내팽개쳐 두고, 무슨 인연인지 내 마음에 들어온 부자 공부에 몰입 중이다. 내 마음과 행동이 일치해 톱니바퀴처럼 잘

굴러가는 부의 마인드셋이 일상이 되면 그때는 또 다른 목표를 향해 몰입하는 날이 올 것이다.

영국의 역사학자 토마스 칼라일(Thomas Carlyle)은 "아무리 약한 사람이라 할지라도 자신의 온 힘을 다해서 단 하나의 목적에 집중하면 원하는 것을 성취할 수 있다"라고 했다. 반면에 "아무리 강한 사람이라도 그의 힘을 많은 목적에 분산하면 어떤 것도 성취할 수 없다"라고 말했다.

나는 이 말에 깊이 공감한다. 몰입은 끈기와 꾸준함을 성장시킨다. 비록 과정은 고통스러울지언정 몰입하면 원하는 것을 얻을 수 있다.

3년 전에 쓴 내 부의 목표 목록에는 가족과 함께 라스베이거스 여행하기가 있다. 늦둥이 막내가 내년(2025년)에 고등학교를 졸업하는데, 졸업 기념 여행을 내돈내산으로 계획했었다. 꾸준한 투자로 일 년 앞당겨 여행 경비를 달성했다. 목표를 적고, 읽고, 상상하고, 행동한 몰입의 결과는 놀랍다. 남편 돈 10원도 섞이지 않은 내가 벌고, 내가 투자한 돈이 낳은 돈으로 가는 거다. 내 자본금이 줄어드는 여행은 하지 않을 작정이다. 감개무량하다.

* 몰입은 자신을 레벨업하는 힘이다.

* 부의 사고방식을 습득하려면 2년 이상의 몰입 기간이 필요하다.

* 부의 시스템을 만들 때까지 계속 몰입하라.

* 온 힘을 다해서 단 하나의 목적에 몰입하면 원하는 것을 성취할 수 있다.

나의 언어는
부자의 언어인가

부자의 언어 VS 빈자의 언어

말에는 힘이 있다.

리더십, 자기계발 전문가로 전 세계 수많은 이들에게 인생 그루로 불리는 로빈 샤르마는 '리더의 언어'를 강조한다. '당신은 피해자의 언어를 선택하겠는가, 리더의 언어를 선택하겠는가?'란 주제로 연설한 그의 강연 영상을 인상 깊게 본 적이 있다.

그의 강연 영상을 보면서 나는 '피해자의 언어는 가난의 언어, 리더의 언어는 부자의 언어'로 바꿔 생각해 보았다. **말 한마디에 천 냥 빚을 갚는다는 속담처럼, 말 한마디라도 긍정적 언어**

를 사용하면 나를 보호해주는 강력한 무기가 된다. 반면에 부정적 언어를 사용하면 나의 인생을 망치는 무서운 무기로 변한다.

무의식적으로 자주 사용하는 내 언어는 어떤가를 떠올려 보자. 사랑하는 가족과 친구, 직장동료, 자주 가는 마트나 카페의 직원 등 만나는 모든 사람에게 나는 어떤 언어를 사용하는가?

언어는 내가 자란 환경, 부모의 언어 사용 방식 등을 흡수하며 내 몸에 뿌리를 박고 자라난다. 부정적인 언어는 뽑아도 뽑아도 어느 결에 무성하게 자라 농작물이 자라는 데 해를 주는 잡초 같다.

반면에 긍정적인 언어는 공을 들여야 한다. 아이를 낳으면, 나날이 정성을 다해 먹이고, 입히고, 재우고, 가르쳐야 비로소 한 명의 성숙한 성인이 되어 사회로 나갈 수 있는 것과 같다.

다음은 결핍과 피해의식으로 가득 찬 사람의 언어들이다.

"나도 부자 부모에게서 태어났다면…" "지긋지긋해."

"너무 피곤해." "싫어, 이게 문제야."

"일해 봤자 밥 먹고 살기도 힘들어."

"저 사람은 머리가 타고났어." "일이 힘들어."

"회사가 싫어." "상사도 싫어." "저 사람 싫어."

"난 지쳤어." "사람들이 날 싫어해."

자신을 둘러싼 세상을 부정의 언어로 표현한다.

빌 게이츠, 간디, 오바마, 워런 버핏 등 세계를 움직이는 리더들은 언어를 신중하게 사용한다. 그들의 도전과 노력, 성공으로 이루어 낸 지혜로운 말들은 사람의 마음을 움직인다. 그들의 말에는 긍정의 힘이 있다.

언어는 나의 사고방식의 발로다

부자 공부하면서 나는 어떤 상황에서도 긍정적인 언어를 만들어 사용하려고 노력한다. 나도 모르게 뿌리 깊게 박혀있던 부정적인 사고방식, 일상에서 부딪치는 자질구레한 일, 내 마음과 같지 않아 상처받는 인간관계에서 받는 스트레스 등을 다 부정적인 말로 쏟아내기 일쑤였다.

언어는 나의 사고방식의 발로다. 부정적인 생각은 부정적인 말로 이어지고, 꼬리에 꼬리를 물면서 부정적인 생각과 말을 생산해낸다.

나의 언어습관을 잘 모르겠다면 내 주변 사람들의 언어습관을 잘 관찰해 보라. 부모, 형제가 부정적인 언어를 자주 사용한다면 나 역시 부정적인 언어를 사용할 확률이 높다.

욕으로 감정을 표현하면 욕 이외의 단어로 자신의 감정을 표현하는 걸 잘 못하게 된다. 이게 습관이 되어 쓰지 말아야 할 자리에서도 불쑥불쑥 튀어나와 상대방에게도, 자신에게도 해가 되어 돌아온다.

다행히 언어 사용은 후천적 환경에 의해 좌우되기에 노력으로 고칠 수 있다. 다만 시간이 좀 걸린다. **부자의 언어로 나의 언어를 바꾸는 연습을 해야 한다.** 하지 않으려고 해도 나도 모르게 한숨 쉬며 부정적 언어가 나올 때가 있다.

그럴 때면 일단 "감사합니다"를 중얼거려 보자. 식당이나 카페에서도 "감사합니다"를 연발한다. 자꾸 말하다 보면 진심으로 감사한 마음이 생긴다. 나를 위해 음식을 가져다주고, 커피를 만들어 주니 얼마나 감사한가?

사춘기 자식과의 갈등은 서로를 자극하는 언어로 범벅이기 일쑤다. 부자 공부를 하기 전에는 감정 섞인 말로 긁어대는 날이 부지기수였다. 아이들한테 가끔 미안한 생각이 든다. 엄마라고 자꾸 조언한답시고 간섭하고 결론을 내려주는 말을 많이 했던 것 같다. 요즘 아이들은 무엇이든 엄마보다 빠르고, 똑똑하다. 섣부른 조언은 절대 금물이다.

하고 싶은 잔소리가 목구멍까지 차오를 때 "좋아"를 먼저 시작해 보라. 그게 나쁘건 좋건 간에 일단 말머리를 "좋아"로 시작하는 것이다. 그러면 따라오는 문장이 그리 나쁘게 나가지 않는다.

우리는 부자가 될 사람인데 이 정도는 해야 한다. 사실 긍정의 언어를 사용하다 보면 '자식이 뭘 해도 잘될 놈'이라는 생각이 마음에 콱 박혀 부정적인 말이 별로 나오지 않는다.

지금 내 딸들이 이런저런 꿈을 이야기한다. 자신들이 하고 싶은 걸 말하는 자체가 똑 부러지고 좋다. 늘 응원한다. 그리고 딸들이 원하는 걸 이룬 상상을 하며 늘 긍정의 마음을 가득 담아 자기 전에 확언한다.

"내 딸들의 심신이 편안하고 건강합니다. 딸들은 하고 싶은 일을 하며 사랑받고 행복하게 살아갑니다. 딸들에게 사랑과 자유가 가져다주는 부가 넘쳐흐릅니다. 감사합니다."

사춘기 아이들과 싸우다 속이 뒤집힐 때 소리 내 읽어보길 바란다. 내 긍정적인 말의 힘이 자식한테도 전해진다. 한 문장의 서술어를 긍정어로 하는 습관만 들여도 부의 언어를 습득할 수 있다.

부자의 언어는 문제에 대응하도록 돕는다

나와 상의 없이 한 남편의 부동산 투자로 세금과 전세금 문제가 엉켜 돈줄이 꽉 막힌 적이 있다. 엎친 데 덮친 격으로 투자한 주식에서도 손실이 막심했다. 손해고 이익이고를 떠나 정리가 필요한 시점이었다. 예전 같으면 잔소리 한 다발 쏟고 냉랭한 기운부터 만들었을 텐데, 일단 확언 수첩에 해결의 말을 적었다.

"집이 좋은 사람에게 좋은 가격으로 팔렸습니다. 감사합니다."

2023년 집값과 전셋값이 급락하고 매물이 쏟아지는 가운데 우리 집만 팔렸다. 가슴을 쓸어내렸다. 그리고 남편한테는 예쁘게 말했다.

"다음에는 나하고 상의해서 투자를 결정하자."

얼마나 긍정적인 사고방식에서 나온 말인가. 부자의 언어는 문제에 대응하도록 돕는다.

딸에게 차를 빌려줬더니 주차위반, 신호위반 딱지가 날아 들어왔다. 부자의 언어를 사용하기 전이라면 위반 딱지를 사진 찍어 보내고 차도 못 쓰게 했을 텐데, 나는 이렇게 말했다.

"이쁜 00아, 신호 위반했어? 조심하렴. 범칙금은 엄마가 낼게."

그래 내가 원하는 건 딸이 다치지 않고 조심히 운전하는 거니까, "조심하렴"에서 내 마음을 전했다.

이 녀석들아, 엄마가 마음이 풍요로운 부자가 되려고 이렇게 노력하고 있어. 3년간의 부자 공부가 마음에 살랑이는 바람을 일으킨다. 부자 공부는 마음 공부이기도 하다.

그 사람만 보면 옛날 일이 불쑥 생각나고 피가 거꾸로 솟는 것 같다고? 그럼 안 보면 된다. 친척이라, 가족이라 볼 수밖에 없는 상황이라면 최대한 안 부딪히고, 피치 못하게 일대일로 마주하게 된다면 입을 다물면 된다.

피해자처럼 행동하지 말자. 나만 손해다. 내가 사용하는 언어로 창의적인 사람이 될 수 있다. 내 에너지를 올릴 수 있다. 나의 리더십을 발휘할 수 있다.

작가 헤럴드 셔먼은 "불행을 당했음에도 불구하고 성공한 사람들은 긍정의 말을 통해서 운명을 좋은 방향으로 바꾼다"라고 했다. 작은 운전대로 커다란 레미콘 차를 움직이는 것처럼, 작은 말 한마디가 우리 인생의 방향을 정할 수 있다.

나는 말의 힘을 믿는다

말의 힘을 느끼고 위대한 리더들의 말을 수집해 나는 2023년 《부자력》을 출간했다. 성공한 사람들을 멘토로 삼고 그들의 언어를 매일 공기 마시듯 흡입하고자 한땀 한땀 문장을 모으고 영어 원문도 찾아 엮어 일력을 만들었다.

덕분에 내 곁에는 부자 멘토가 매일 찾아온다. 《부자력》을 하루 한 장씩 넘기며 그들의 말에서 긍정의 힘을 얻고, 위대한 경영자들의 성공 비밀인 마인드셋을 하며 부의 법칙을 알아가니 참 좋다. 눈만 뜨면 세상의 지성을 만날 수 있으니 얼마나 든든한지 모른다. 좋은 건 알려야겠다는 오지랖이 자꾸 어디로 튈지 모르는 책을 쓰게 한다. 내 인생의 다이나믹한 요소다.

《부자력》을 지인들에게 연말 선물로 보내려 주소를 물었다. 다들 고맙다고 좋아했다. 두어 사람 빼고.

"우리 같은 사람들은 그저 개미같이 열심히 살아야지 무슨 부자야?"

부정적이다. 출간을 축하한다는 말이나, 고맙다는 말은 없다. 마음속에 아예 나는 부자가 될 사람이 못 된다는 관념이 박여있다. 증명하듯 그 말 그대로 살고 있다.

나는 못 살 때도 부유하게 사는 걸 상상했고, 오십이 넘어서도 더 큰 미래를 상상하며 자신을 위안했다. 하나씩 이루게 한 동력은 책 읽기였고, 그 안에서 만난 나의 롤모델들이 강조하는 말에 귀 기울였다. 그리고 무조건 따라 하려고 했다. 나는 말의 힘을 믿는다.

《생각의 비밀》의 저자 김승호 회장은 "한번 말을 하고 나면 잊기 전까지 그 힘이 사라지지 않음을 믿는다"라고 강조했다. 좋다고 생각한 것을 입 밖으로 소리 내 말할 때 좋은 감정은 배가 된다. 싫다고 생각한 것을 입 밖으로 소리 내 싫다고 말할 때 그 감정은 빛의 속도보다 빨리 퍼진다.

"돈이 있었으면 좋겠다."
"난 아무것도 없어."
"난 부족해."

이런 말은 로또에 당첨되고, 유산으로 일확천금을 받아도 부족한 상태의 현실로 금방 되돌아온다.

부의 언어는 부자가 될 수 있다고 자신을 허락하는 마음을 준다. 우리가 긍정의 언어를 의식적으로 사용하는 것은 자존감을 높이는 일이다. 도전하는 모든 성과물에 놀라운 변화를 만든다.

이렇게 말의 힘을 제대로 이해하기 시작하면 우리의 삶은 한 단계 업그레이드되어 성공과 풍요를 일으킬 것이다.

✓ KEY POINT

* 부자의 언어는 문제에 대응하도록 돕는다.
* 긍정의 언어를 사용하는 것은 자존감을 높이는 일이다.
* 부정적인 생각은 부정적인 말로 이어지고, 긍정적인 생각은 긍정적인 말로 이어진다.
* 리더들의 말에는 긍정적인 힘이 있다.

부의 여정은
나를 존중하는 일이었다

부를 이루는 과정은 나의 가치를 인정하는 여정

3년간의 우여곡절을 겪는 동안 깨달은 게 있다. '부를 이루는 과정은 나의 가치를 인정하는 여정'이라는 거다. **나는 부를 당당히 받을 수 있는 소중한 존재라는 인식이 부를 쌓는 길로 가는 첫 번째 관문이다.**

심리 카운슬러이자 작가인 고코로야 진노스케는 "부의 존재는 나의 존재라고 인식하라"고 한다. 내가 당당해야 나의 자존감이 높아지고 자존감이 높아야 자존감 있는 돈이 온다. 나 자신을 긍정해야 한다. '나는 가치 있는 존재이기에 풍족함을 얻는 게 당연하다'는 생각을 심어야 한다. 그는 "놀면서 잠만 자더라도 나는 한 달에 100만 원을 받아도 된다고 자기 자신을 허가해야 한다"라고 말한다.

나는 처음에 이 말을 이해하지 못했다. 돈은 열심히 일해서 벌어야 하고, 쓰고 싶은 걸 참으며 아껴서 생활해야만 하는 대상이라고 생각했다. '돈은 열심히 일해서 얻는 노동의 대가'라는 생각이 전부였다. 이건 부의 일부일 뿐이다.

결핍의 사고는 부와 멀어지는 태도이다

이렇게 아끼는데, 이제껏 열심히 일했는데, 괜찮은 직장에서 벌 만큼 벌었는데 나는 왜 부를 이루지 못했지?

이렇게 열심히 아끼며 산 우리는 왜 부자가 아닌가?

부를 이루려면 내가 지금까지 해왔던 모든 것에 대한 변화를 이루어야 한다.

'돈 때문에', '돈이 많다면', '돈만 생기면' 같은 결핍의 사고 방식은 늘 결핍된 현실만 투영한다. 돈의 눈치를 보는 일, 돈에 눌리는 기분, 돈에 지배당하는 기분, 늘 돈이 부족하다는 생각,

이런 것에서 벗어나야 한다. 돈을 위해 죽어라 일해야만 하고, 아끼고, 돈 한 푼 쓸 때 죄책감까지 느끼는 태도는 부를 멀리하는 태도다. 백수라도 당당해라.

어린이 잡지에 한 해에 두어 번 옛이야기 원고를 싣는데, 한 번은 밥장군 이야기를 쓴 적이 있다.

한 끼에 밥을 수십 그릇씩 먹어대고, 덩치는 산만 해 별명이 '밥장군'이다. 그런데 힘은 자기 밥그릇도 못 들 정도로 약하다.

밥만 축내는 아들을 보다 못한 부모는 밥벌이할 때까지 돌아오지 말라고 쫓아낸다. 밥장군은 정처 없이 걷다가 산속 외딴집에서 울고 있는 한 할머니를 만난다. 영감이 호랑이한테 잡혀가 죽었는데, 아들이 원수를 갚겠다고 산으로 들어가 걱정돼 우는 것이다.

밥장군은 호랑이를 잡아 오겠다고 큰소리치고는 밥 한솥을 얻어먹는다. 다음날 막상 호랑이가 나타나자, 겁이 난 밥장군은 나무 위로 올라가 덜덜 떨다 으르렁거리는 호랑이 입에 똥을 한 무더기 싼다. 똥에 목구멍이 막힌 호랑이는 나무에서 떨어져 죽는다. 밥장군은 손 하나 까딱 않고 호랑이를 잡았다고 으쓱한다.

할머니는 고맙다고 곡식이며 인삼 등을 보답으로 주지만, 힘이 없는 밥장군은 못 가져가겠다고 마다한다. 그것 또한 겸

손으로 생각한 할머니는 하인들을 시켜 밥장군의 집에 쌀가마
니를 잔뜩 갖다준다. 밥장군은 평생 밥걱정 없이 잘 살았다는
얘기다.

밥장군의 당당함이 보통이 아니다. 밥장군은 밥만 실컷 먹고
열심히 일하지도 않았는데 본인이 먹을 걸 풍요롭게 구한다. 밥
장군의 당당함과 풍요가 얄밉지가 않다. 밥장군은 풍요를 받을
당당한 존재이기 때문이다.

우리가 밥장군의 입장이었다면 어땠을까? 밥을 조금만 먹으
려고 노력할지도 모른다. 걱정만 하다 호랑이한테 잡아먹혔을
지도 모른다. 결핍과 불안은 결핍과 불안을 낳는다.

나는 부를 누릴 가치 있는 존재다

부에 대한 문장을 만들 때 '나는'으로 시작해 마지막은 '존재
다'를 붙이는 연습을 해보자. 조금씩 익숙해진다.

나는 풍족한 존재다.
나는 받아도 되는 존재다.

나는 훌륭한 존재다.

세상의 모든 부자는 '자신이 부를 이룰 수 있는 존재'라는 걸 믿었다. 나는 풍족함을 얻을 수 있는 존재임을 의심하지 말자.

나의 '존재'에 대한 소중함을 아는 것은 이 세상을 살아가며 가장 중요한 인식이다. 가치 있는 존재라는 인식은 자신뿐만 아니라 타인과의 관계에도 도움이 된다. 오십이 넘어서라도 알게 되어 얼마나 다행인지 모른다.

돈에도 이런 감정을 가져야 한다. 돈을 아껴 썼는데도 매일 부족하다고 하면 잠재의식에 돈은 아껴 써야만 하는 걸로 인식되고 현실에서는 늘 아낄 일만 생긴다. 돈이 생겨도 왠지 모를 죄책감 때문에 제대로 쓰지도 못하고 생활비에 섞여 흐지부지되기 일쑤다. 돈 쓰는 일에 대해 죄책감 대신 감사의 마음을 갖자.

밥장군처럼 세상이 도와주는 풍요를 받아야 부자가 된다. 나에게 늘 풍요가 있다고 상상하고 믿어야 좋은 일이 생긴다. 마음의 풍요가 없으면 돈이 생겨도 3년 전의 나처럼 다 새어 나간다.

'나는 풍족함을 받을 존재'라는 걸 믿으니까 다시 풍요로워졌다. 부의 그릇이 커진 거다. 나는 부를 누릴 가치가 있는 존재다. 그런 존재는 사랑스럽고, 기쁘고, 감사한 사람이다.

* 나는 부를 당당히 받을 수 있는 소중한 존재다.

* 나는 부를 누릴 수 있는 가치 있는 존재다.

* 돈 때문에, 돈이 많다면, 돈만 생기면 같은 결핍의 사고방식은 부와 멀어지는 태도다.

어느 동화작가의 소란한 투자 이야기

2024년 11월 15일 초판 1쇄 인쇄
2024년 11월 20일 초판 1쇄 발행

지은이 | 이민숙
펴낸이 | 이병일
펴낸곳 | **더메이커**
전 화 | 031-973-8302
팩 스 | 0504-178-8302
이메일 | tmakerpub@hanmail.net
등 록 | 제 2015-000148호(2015년 7월 15일)

ISBN | 979-11-87809-55-5 (03320)
ⓒ이민숙